Extinção do Crédito Tributário

Conselho Editorial
André Luís Callegari
Carlos Alberto Alvaro de Oliveira
Carlos Alberto Molinaro
Daniel Francisco Mitidiero
Darci Guimarães Ribeiro
Draiton Gonzaga de Souza
Elaine Harzheim Macedo
Eugênio Facchini Neto
Giovani Agostini Saavedra
Ingo Wolfgang Sarlet
Jose Luis Bolzan de Morais
José Maria Rosa Tesheiner
Leandro Paulsen
Lenio Luiz Streck
Paulo Antônio Caliendo Velloso da Silveira

G853e Gomes, Marcus Lívio.
     Extinção do crédito tributário / Marcus Lívio Gomes. – Porto Alegre:
Livraria do Advogado Editora, 2013.
     159 p.; 23 cm.
     Inclui bibliografia.
     ISBN 978-85-7348-865-4

     1. Crédito tributário. 2. Direito tributário. 3. Crédito tributário - Pagamento. 4. Compensação (Direito). I. Título.

CDU 34:336.2

CDD 343.04

Índice para catálogo sistemático:
1. Crédito tributário   34:336.2

(Bibliotecária responsável: Sabrina Leal Araujo – CRB 10/1507)

Marcus Lívio Gomes

Extinção do Crédito Tributário

Porto Alegre, 2013

© Marcus Lívio Gomes, 2013

Capa, projeto gráfico e diagramação
Livraria do Advogado Editora

Revisão
Rosane Marques Borba

Direitos desta edição reservados por
Livraria do Advogado Editora Ltda.
Rua Riachuelo, 1300
90010-273 Porto Alegre RS
Fone/fax: 0800-51-7522
editora@livrariadoadvogado.com.br
www.doadvogado.com.br

Impresso no Brasil / Printed in Brazil

Dedico este trabalho à minha amada esposa, Daniela, bem como aos meus filhos, Marcélia, Marco Antônio e Sofia, amor puro e incondicional.

Agradecimento

Agradeço aos advogados tributaristas e professores Adilson Rodrigues Pires, Andrei Pitten Velloso, Aurélio Pitanga Seixas Filho, Denise Lucena Cavalcante, Fábio Zambitte Ibrahim, Flávio Bauer Novelli, Gustavo Brigagão, Gustavo da Gama Vital de Oliveira, Heleno Taveira Torres, Janssen Murayama, Jose Marcos Domingues de Oliveira, Luís Cesar Souza de Queiroz, Leandro Paulsen, Marcos André Vinhas Catão, Marcus Abraham, Mary Elbe Queiroz, Regina Helena Costa, Ricardo Lobo Torres, Ricardo Lodi Ribeiro, Sacha Calmon Navarro Coelho e Sérgio André Rocha, os quais cito em ordem alfabética, pelo apoio e incentivo acadêmico para a conclusão da obra, bem como ao Welton Costa Parente, Oficial de Gabinete da 1ª Vara de Execução Fiscal e Tributária de São João de Meriti. Especial agradecimento ao Ministro Luiz Fux, pelo honroso convite para trabalhar com o Direito Tributário na função de Juiz Auxiliar em seu gabinete no Supremo Tribunal Federal.

Nota do autor

Caro leitor,

Este livro compila e consolida a experiência prática por mim vivenciada na magistratura federal e no magistério. A legislação tributária, em especial a Federal, contempla grande complexidade, a qual vem sendo incrementada pela baixa qualidade das leis aprovadas no Congresso Nacional.

Falta massa crítica no processo de formação destes atos normativos, o que gera uma quantidade extraordinária de demandas judiciais, todas canalizadas ao já saturado Poder Judiciário. Foram estas demandas que me inspiraram a escrever este texto, de forma a buscar compartilhar com outros operadores do Direito Tributário as minhas ideias, convicções e dúvidas.

Outro fator preponderante para enfrentar este desafio foram as aulas proferidas, as quais demandam intensa e reflexiva preparação e atualização. A formatação e análise de casos concretos é o melhor caminho para ensinar o aluno a raciocinar. É preciso quebrar o paradigma da aula expositiva. Por isto o recurso à citação jurisprudencial quando se fez necessário.

Assim, procurei elaborar um texto objetivo e pragmático, com certeza influenciado por minha atividade profissional como magistrado, com o intuito de apresentar as principais questões envolvidas na temática da extinção do crédito tributário, enfrentando todas as controvérsias existentes em relação aos artigos 156 a 174 do Código Tributário Nacional – CTN. A farta jurisprudência adunada serve como ponto de apoio para demonstrar como os temas vêm sendo julgados pelos tribunais, em especial o Supremo Tribunal Federal – STF – e o Superior Tribunal de Justiça – STJ.

Espero ter alcançado este objetivo, ressaltando que se trata de obra não acabada pelo grande número de controvérsias envolvidas, bem como pela constante alteração legislativa e consequente atualização jurisprudencial.

Abreviaturas

AC	–	Apelação Cível
ADCon	–	Ação Declaratória de Constitucionalidade
ADCT	–	Ato das Disposições Constitucionais Transitórias
ADIn	–	Ação Direta de Inconstitucionalidade
ADPF	–	Arguição de Descumprimento de Preceito Fundamental
art.	–	artigo
CARF	–	Conselho Administrativo de Recursos Fiscais
CC	–	Conselho de Contribuintes ou Código Civil
CF/88 ou CRFB/88 ou CRFB	–	Constituição da República Federativa do Brasil de 1988
CIDE	–	Contribuição de Intervenção no Domínio Econômico
COFINS	–	Contribuição para o Financiamento da Seguridade Social
CSRF	–	Câmara Superior de Recursos Fiscais
CTN	–	Código Tributário Nacional
DCOMP	–	Declaração de Compensação
DCTF	–	Declaração de Débitos e Créditos Tributários Federais
DJ	–	Diário de Justiça
DL	–	Decreto-Lei
DRF	–	Delegacia da Receita Federal do Brasil.
DRJ	–	Delegacia da Receita Federal de Julgamento do Brasil.
EC	–	Emenda Constitucional
Ed.	–	Editorial
EREsp	–	Embargos de Divergência em Recurso Especial
FUST	–	Fundo de Universalização dos Serviços de Telecomunicações
GFIP	–	Guia de Recolhimento do FGTS e Informações à Previdência Social
GIA	–	Guia de Informação anual do ICMS
GIM	–	Guia de Informação mensal do ICMS
HI	–	Hipótese de incidência

ICMS	–	Imposto sobre operações relativas à circulação de mercadorias e sobre prestações de serviços de transporte interestadual e intermunicipal e de comunicação
INSS	–	Instituto Nacional do Seguro Social
IPTU	–	Imposto sobre a propriedade territorial urbana
IR	–	Imposto sobre a renda
ISS	–	Imposto sobre serviços de qualquer natureza
ITBI	–	Imposto sobre a transmissão de bens imóveis
ITR	–	Imposto sobre a propriedade territorial rural
LC	–	Lei Complementar
MF	–	Ministério da Fazenda
MP	–	Medida Provisória
n./nº	–	número
ORTN	–	Obrigações Reajustáveis do Tesouro Nacional
p.	–	página
PGFN	–	Procuradoria-Geral da Fazenda Nacional
PIS	–	Programa de Integração Social
RE	–	Recurso Extraordinário
REsp	–	Recurso Especial
RFB	–	Secretaria da Receita Federal do Brasil
SELIC	–	Sistema Especial de Liquidação e de Custódia
SRF	–	Secretaria da Receita Federal
SRRF	–	Superintendência Regional da Receita Federal do Brasil.
ss.	–	seguintes
STF	–	Supremo Tribunal Federal
STJ	–	Superior Tribunal de Justiça
TRF	–	Tribunal Regional Federal
TFR	–	Tribunal Federal de Recursos
UFIR	–	Unidade Fiscal de Referência
v.g.	–	exemplo

Prefácio

Funcionalismo da Extinção do Crédito tributário

É motivo de indiscutível entusiasmo acadêmico prefaciar essa edição de lavra do eminente magistrado federal e profícuo estudioso, o Professor Marcus Lívio, sobre a extinção do crédito tributário, temática, esta, das mais difíceis e que aqui se vê enfrentada com objetividade e notável praticidade na aplicação das suas tipologias.

Acompanho o percurso acadêmico do autor desde seus primeiros contatos com as obras clássicas da teoria geral do Direito Tributário, em incontáveis diálogos sobre os mais variados modelos teóricos, sempre com crescente encantamento com os estudos da tributação. Estava ali a origem da formação de um pensador crítico e devotado, na construção das suas próprias elaborações teóricas. Nesse afã de novos desafios, deu-se sua ida para a Universidade Complutense de Madri, para cumprir seu doutoramento, sob a competente orientação do Professor Pedro Manuel Herrera Molina, com quem desenvolveu tese tão original quanto oportuna sobre a redução da conflitividade mediante a unificação de critérios de interpretação da legislação tributária. Após essa etapa, retomou suas pujantes atividades na vida intelectual brasileira, com fartas contribuições, por obras editadas, palestras ou aulas, junto à Associação Brasileira de Direito Financeiro – ABDF –, ao Grupo de Debates Tributários do Rio de Janeiro – GDT Rio, à Escola de Magistratura do Estado do Rio de Janeiro – EMERJ – e, mui especialmente, à Comissão de Direito Tributário da Escola da Magistratura do Tribunal Regional da 2ª Região – EMARF.

O livro em tela cumpre expressiva missão, pois os meios de extinção do crédito tributário no Brasil demandam expressivos questionamentos. Basta compulsarmos a Jurisprudência do Superior Tribunal de Justiça para ver-se constada essa evidência. Houve diversas publicações sobre os temas específicos, colecionados em monografias relevantes, mas poucas foram as formulações de cunho teórico sobre o conjunto das modalidades extintivas. Dentre outras, a mais expressiva é aquela da teoria lógico-semântica de Paulo de Barros Carvalho (*Curso de Direito Tributário*), no desvelamento das suas estruturas e funções. E podemos citar a Tese de Titularidade de Alcides Jorge Costa, porém inédita, sobre Extinção da Obrigação Tributária, assim como os estudos de Sacha Calmon, de Hugo de Brito, de Ricardo Lobo Torres ou de José Souto Maior Borges, no que concerne aos desdobramentos da interpretação dos seus tipos e procedimentos.

Esta obra dedica-se ao complexo tema da Extinção do Crédito Tributário, visto no conjunto das suas distintas hipóteses, previstas no art. 156 do CTN. Em termos metodológicos, ressalta-se como uma proposta funcional de análise das suas modalidades (pagamento, repetição do indébito, compensação etc.), apreendidas na dinâmica formal dos conceitos, mas com abertura para exame dos institutos à luz dos princípios constitucionais e do direito que vive, aquele da Jurisprudência. Em tudo evidencia-se sua experiência nas funções judicantes e rigor teórico. Só isso já seria suficiente para despertar o interesse por esse livro, ao permitir ao leitor examinar temas, comumente vistos em apartado, numa frutífera síntese e único propósito: garantir a segurança jurídica no cumprimento dos deveres tributários.

Temos insistido para a importância do método funcional na elaboração teórica ou na prática do Direito Tributário. A utilidade dessa metodologia é inconteste.

Vivencia-se, nos dias que correm, um crescente de complexidade da legislação tributária, a tal ponto que, para seu cumprimento, devido ao somar-se de regimes especiais ou procedimentos de simplificação, o contribuinte distancia-se, a não mais poder, do "regime geral" das obrigações tributárias, o que, na maioria das vezes, significa supressão ou descumprimento de direitos fundamentais (com prejuízo à legalidade, capacidade contributiva, igualdade etc.). É certo que o Código Tributário Nacional parece já não ser suficientemente capaz de abranger toda a realidade multifacetada. Contudo, a excessiva transferência de obrigações formais para os contribuintes, seguida de exageros de sanções no descumprimento desses deveres, só isso, já seria suficiente para demonstrar a urgência de uma revisão sobre esse modelo, para reordenação de controles das formas de extinção das obrigações tributárias, com vistas a uma melhor praticabilidade desses mecanismos, uniformidade na exigência dos tributos e redução dos litígios daí decorrentes.

Ainda que louvável o propósito de celeridade dos procedimentos para agilizar o recebimento dos créditos tributários, esse objetivo não se pode conseguir por meio de supressão das formalidades ou direitos. Privilégios da Fazenda Pública existem para defesa do crédito público, mas não podem ser opostos aos contribuintes com obstáculo para o próprio cumprimento das obrigações e, ao mesmo tempo, com afetações ao direito de propriedade. Basta verificar o rigor nas exigências de certidões negativas de débitos ou proibições de emissão de notas fiscais. Além da função arrecadatória, na aplicação dos meios extintivos, os agentes, órgãos e tribunais administrativos são obrigados a zelar pelo máximo respeito à ordem jurídica e aos direitos dos administrados; e este é o único "interesse público" que pode sobressair como poder-dever a uma adequada interpretação e formação do processo ou dos procedimentos, como observa Ingo Wolfgang Sarlet. A hermenêutica funcional reclama essa necessária coincidência entre as formas de extinção da obrigação tributária com os princípios e limitações ao poder de tributar. Este é o único conteúdo do interesse público nesses domínios, compreendido como forma de exercício de poderes nos termos da Constituição.

Recompor os fundamentos do regime geral das categorias extintivas do crédito tributário e aferir sua observância ao longo da aplicação dos tributos é método de indiscutível utilidade, pois nenhum "tributo" pode ser arrecadado com essa dignidade ao tempo que se distancie da firme observância das limitações ao poder de tributar. Por conseguinte, ao tempo que a obra apresentada cumpre esse papel de sistematização e controlabilidade dos meios de extinção da obrigação ou de resolução de conflitos, coincide, na sua extensão, ao programa do método coerente com aqueles fundamentos assinalados, de efeito protetivo dos direitos dos contribuintes.

A todos esses aspectos o nosso ilustre autor esteve atento.

Por fim, resta-me cumprimentar o Professor Marcus Lívio pelo estudo que ora se desvela, de cunho prático e teórico, laborados em raro equilíbrio, com os melhores auspícios pelos destinos dessa interessante edição e ênfase para a continuidade de sua carreira sólida, feita de sacrifícios, construída passo a passo, logo, sem precipitações e permanentemente coerente, o que serve de motivo de orgulho para todos os que o conhecem ou compartilham do seu convívio intelectual.

Heleno Taveira Torres

Professor de Direito Tributário e Presidente da Comissão de Graduação da
Faculdade de Direito da USP. Membro do Conselho de Graduação da USP.
Diretor da ABDF e Vice-Presidente da International Fiscal
Association – IFA. Advogado

Sumário

Apresentação – *Regina Helena Costa* 21

1. Crédito tributário 23

    1.1. Introdução 23

    1.2. Crédito tributário 24

    1.3. Extinção da obrigação acessória 28

    1.4. Modalidades de extinção do crédito tributário 29

2. Pagamento 33

    2.1. Pagamento 33

    2.2. A conversão de depósito em renda 33

    2.3. O pagamento antecipado e a homologação do lançamento nos termos do artigo 150 e seus §§ 1º e 4º 35

    2.4. Imposição de penalidades 36

    2.5. Prova do pagamento 40

    2.6. Lugar do pagamento 41

    2.7. Prazo de pagamento 42

    2.8. Juros de mora 44

    2.9. Taxa de juros 45

    2.10. Processo de consulta 50

    2.11. Forma do pagamento 51

    2.12. Imputação do pagamento 51

    2.13. Pagamento em consignação 54

3. Pagamento indevido 61

    3.1. *Solve et repete* 61

    3.2. Restituição do indébito tributário 61

    3.3. Modalidades de repetição do indébito 62

    3.4. Natureza jurídica da obrigação de restituir 64

    3.5. Sujeitos da repetição do indébito 64

    3.6. Causas da repetição do indébito 66

    3.7. Aspectos formais e processuais da repetição do indébito 67

    3.8. Pagamento de tributo acolhido pela decadência ou prescrição 67

    3.9. Análise dos incisos do artigo 165 68

3.10. Restituição de tributos indiretos e a repercussão econômica e jurídica........69
3.11. Repercussão econômica e compensação de créditos escriturais................74
3.12. Objeto da restituição...75
3.13. Juros de mora..76
3.14. Prazo na repetição do indébito...77
3.15. Forma de contagem do prazo para repetir nos tributos lançados por homologação...78
3.16. Forma de contagem do prazo para repetir nos tributos lançados por homologação com declaração de inconstitucionalidade...........................88
3.17. Ação anulatória de decisão administrativa denegatória de restituição........88
3.18. Forma de contagem do prazo para repetir nos tributos retidos na fonte......91

4. Compensação....93
4.1. Natureza jurídica e aplicabilidade da compensação..............................93
4.2. Evolução legislativa aplicável ao âmbito federal.................................95
4.3. A compensação no Direito Tributário..99
4.4. A compensação de crédito de um contribuinte com débito de outro na legislação federal...99
4.5. A manifestação de inconformidade na legislação federal........................100
4.6. Manifestação de inconformidade pendente de apreciação quando da entrada em vigor da Medida Provisória nº 135/03 na legislação federal.....102
4.7. Declaração de Compensação (DCOMP) como confissão de dívida na legislação federal...103
4.8. Compensação com créditos decorrentes de decisão judicial não transitada em julgado na legislação federal...104
4.9. Prazo prescricional para cobrança do crédito tributário declarado pelo sujeito passivo mediante a entrega da DCOMP na legislação federal..........105
4.10. Modalidades de compensação na legislação federal.............................107
4.11. Restrições à compensação...117

5. Demais modalidades de extinção do crédito tributário...............................119
5.1. Transação..119
5.2. Remissão..120
5.3. Decadência..123
5.3.1. Distinção entre decadência e prescrição...................................123
5.3.2. Suspensão da exigibilidade e suspensão do prazo de decadência.......125
5.3.3. Declarações de dívida e prazos de decadência e prescrição.............127
5.3.4. Contagem dos prazos...129
5.4. Prescrição...135
5.4.1. Reconhecimento da prescrição de ofício no Direito Tributário..........136
5.4.2. Fluência e suspensão do prazo prescricional.............................138
5.4.3. Suspensão da execução fiscal e a prescrição intercorrente..............142
5.4.4. Redirecionamento da execução fiscal e a prescrição intercorrente......145
5.4.5. Inscrição em dívida ativa e prazo de prescrição..........................146
5.4.6. Hipóteses de interrupção da prescrição...................................147

5.5. A decisão administrativa irreformável, assim entendida a definitiva na órbita administrativa, que não mais possa ser objeto de ação anulatória......150

5.6. A decisão judicial passada em julgado...152

5.7. Dação em pagamento...153

6. Conclusão...156

Bibliografia...158

Apresentação

Marcus Lívio Gomes pertence à nova geração de juristas dedicados ao Direito Tributário. Alia consistente formação acadêmica, na qual se destaca o Doutorado nessa disciplina pela *Universidad Complutense de Madrid*, à intensa atividade profissional, no exercício do magistério na Faculdade de Direito da Fundação Getúlio Vargas – FGV – Direito Rio, no Rio de Janeiro, e na Escola da Magistratura do Tribunal Regional Federal da 2ª Região, bem como na qualidade de Juiz Federal, dedicado, também, à apreciação das lides tributárias.

Essa conjugação de fatores resulta numa produção científica de caráter didático e pragmático, lastreada em boa pesquisa e reflexão. Confirmando as expectativas, este seu mais recente trabalho, intitulado "Extinção do Crédito Tributário", é mais uma contribuição valiosa.

O tema, apesar de consistir num "clássico" do Direito Tributário, vem sendo renovado pelas constantes alterações legislativas, ensejadoras de dúvidas quanto à sua aplicação e especulações doutrinárias, com evidentes reflexos em jurisprudência. Apenas para ilustrar o afirmado, lembre-se das modificações normativas introduzidas no regime jurídico da prescrição e da compensação tributárias nos últimos anos e a imensa variação jurisprudencial delas decorrente.

Desse modo, é com grande prazer que cumprimento o autor por este novo livro, de grande valia a todos os interessados em melhor conhecer as questões relacionadas à extinção do crédito tributário.

Regina Helena Costa
Livre-Docente em Direito Tributário pela PUC/SP
Professora de Direito Tributário da Faculdade de Direito
e dos Cursos de Pós-Graduação da PUC/SP
Desembargadora Federal do Tribunal Regional Federal da 3ª Região

1. Crédito tributário

1.1. Introdução

A análise do tema deve iniciar-se no seio do direito privado, mais precisamente no direito obrigacional. Uma classificação geral do direito engloba o direito das pessoas, o direito das coisas e o direito das obrigações. No escólio de Rubens Gomes de Sousa:[1]

A) No *direito das pessoas* inclui-se a regulamentação jurídica de certas situações que, não tendo diretamente um caráter patrimonial ou econômico, referem-se aos elementos da própria personalidade do titular do direito. Exs.: o estado civil, as relações de parentesco, a nacionalidade, a cidadania, etc.

B) No *direito das coisas* compreende-se a regulamentação jurídica das situações, essencialmente patrimoniais ou econômicas, que se referem à relação direta entre a pessoa do titular do direito e uma coisa, material ou imaterial, que constitui o seu objeto. Exs.: a posse, a propriedade. Por se referirem diretamente a coisas, os direitos desta espécie também são chamados *direitos reais* (do latim *res*, coisa).

C) Finalmente, no *direito das obrigações* classifica-se a regulamentação jurídica das situações, igualmente de caráter patrimonial, que se referem às relações de duas ou mais pessoas entre si. Ex.: os contratos em geral. Em última análise, o direito das obrigações também se refere às coisas que constituem o objeto dos contratos; mas, ao contrário do direito real, atinge tais coisas apenas indiretamente através de uma prestação, ou seja, de um ato de outra pessoa, diversa do titular do direito.

Desconsiderando o direito das pessoas, por não ter conteúdo patrimonial ou econômico, interessa-nos distinguir o direito real e o direito das obrigações. Enquanto naquele surge uma pessoa titular do direito que, em consequência, pode alegá-lo ou exercê-lo *erga omnes* (contra todos), ou seja, contra qualquer pessoa que o infrinja, o desconheça ou pretenda direito igual sobre a mesma coisa; neste existem, pelo menos, duas pessoas, o titular do direito, denominado sujeito

---

[1] SOUSA, Rubens Gomes de. *Compêndio de Legislação Tributária*. Coordenação: IBET. Obra póstuma. São Paulo: Revista dos Tribunais, 1975, p. 51.

Extinção do Crédito Tributário

ativo ou credor, e a pessoa obrigada à prestação que constitui o objeto do direito, que é o sujeito passivo ou devedor.[2]

Assim, o direito obrigacional, ao contrário do real, somente será invocado ou exercido contra o devedor, ou seja, contra a pessoa legalmente obrigada à prestação que constitui seu objeto. Enquanto o direito real é permanente, persistindo enquanto durar a coisa que constitui o seu objeto, o direito obrigacional extingue-se pelo seu exercício, pois cumprida a obrigação, desaparece o direito do credor, ficando liberado o devedor.

Neste contexto, a obrigação tributária é uma espécie do gênero obrigação, embora contenha características próprias que a distingam da obrigação jurídica do direito privado. Pode-se afirmar, assim, que na lacuna das normas tributárias se aplicam subsidiariamente as disposições do direito privado que com elas não colidem, respeitando, entretanto, o princípio da estrita legalidade tributária, à luz do inciso VI do art. 97 do CTN.[3]

Com efeito, o crédito tributário é uma espécie de obrigação, podendo ser classificada como obrigação *stricto sensu*, cujo objeto da relação obrigacional, relação jurídico-tributária especificamente, constitui-se em uma prestação pecuniária que o credor (sujeito ativo da relação jurídico-tributária) pode exigir do devedor (sujeito passivo da relação jurídico-tributária). A obrigação impõe ao devedor a necessidade jurídica de este cumprir a prestação que constitui seu objeto. Adimplido, extingue-se o crédito tributário, tendo como consequência a liberação do devedor da relação obrigacional, isto é, da relação jurídico-tributária.[4]

1.2. Crédito tributário

Art. 139. O crédito tributário decorre da obrigação principal e tem a mesma natureza desta.

Por razões didáticas, não podemos nos furtar a apresentar um conceito, ainda que objetivo e conciso, de crédito tributário, confor-

---

[2] SOUSA, op. cit., p. 52.

[3] Art. 97. Somente a lei pode estabelecer: VI – as hipóteses de exclusão, suspensão e extinção de créditos tributários, ou de dispensa ou redução de penalidades.

[4] MORAIS, Bernardo Ribeiro de. *Compêndio de Direito Tributário*. v. 2. 3. ed. Rio de Janeiro: Forense, 1999, p. 430.

me o disposto no art. 139 do CTN.[5] Hugo de Brito Machado[6] assevera "que é o vínculo jurídico, de natureza obrigacional, por força da qual o Estado (sujeito ativo) pode exigir do particular, o contribuinte ou responsável (sujeito passivo), o pagamento do tributo ou da penalidade pecuniária (objeto da relação obrigacional)".

Isto nos permite concluir que a relação obrigacional tributária tem duas faces, obrigação e crédito, sendo este, por disposição do CTN, pressuposto como líquido e certo só após o ato administrativo do lançamento, tudo à luz da teoria jurídica da eficácia deste procedimento tributário. Neste diapasão, consolidando o que foi explanado, o crédito tributário passa por diversas fases, sendo, em verdade, a obrigação que adquire concretização ou visibilidade, passando por diferentes graus de exigibilidade.

Nasce com a subsunção do fato à norma jurídica (art. 113, § 1º, CTN),[7] apura-se e quantifica-se, ou constitui-se, na linguagem do CTN, com o lançamento, ganhando exigibilidade (art. 142, CTN).[8] E, por fim, ganha exequibilidade com a inscrição em dívida ativa (art. 204, CTN).[9] Na esteira de Ricardo Lobo Torres,[10] a divisão adotada pelo CTN deve ser entendida no sentido didático, pois o crédito se constitui juntamente com a obrigação pela ocorrência do fato gerador (subsunção do fato à norma).

Neste diapasão, o crédito tributário recebe diferentes graus de transparência e concretização na medida em que seja objeto do lançamento, de decisão administrativa definitiva ou de inscrição em dívida ativa. Seus momentos de eficácia são: crédito constituído pela ocorrência do fato gerador, crédito exigível pelo lançamento notificado ou

---

[5] Art. 139. O crédito tributário decorre da obrigação principal e tem a mesma natureza desta.

[6] MACHADO, Hugo de Brito. *Curso de Direito Tributário*. 12. ed. São Paulo: Malheiros, 1997, p. 119.

[7] Art. 113. A obrigação tributária é principal ou acessória. § 1º A obrigação principal surge com a ocorrência do fato gerador, tem por objeto o pagamento de tributo ou penalidade pecuniária e extingue-se juntamente com o crédito dela decorrente.

[8] Art. 142. Compete privativamente à autoridade administrativa constituir o crédito tributário pelo lançamento, assim entendido o procedimento administrativo tendente a verificar a ocorrência do fato gerador da obrigação correspondente, determinar a matéria tributável, calcular o montante do tributo devido, identificar o sujeito passivo e, sendo caso, propor a aplicação da penalidade cabível. Parágrafo único. A atividade administrativa de lançamento é vinculada e obrigatória, sob pena de responsabilidade funcional.

[9] Art. 204. A dívida regularmente inscrita goza da presunção de certeza e liquidez e tem o efeito de prova pré-constituída. Parágrafo único. A presunção a que se refere este artigo é relativa e pode ser ilidida por prova inequívoca, a cargo do sujeito passivo ou do terceiro a que aproveite.

[10] TORRES, Ricardo Lobo. *Curso de Direito Financeiro e Tributário*. 10. ed. Rio de Janeiro: Renovar, 2003, p. 243.

Extinção do Crédito Tributário

pela decisão administrativa definitiva e, finalmente, crédito exequível pela inscrição em dívida ativa, dotado de liquidez e certeza.

Não é por outra razão que o art. 140, CTN,[11] dispõe que as circunstâncias que modificam o crédito tributário não afetam a obrigação tributária que lhe deu origem. Pode ocorrer, assim, em certos casos a extinção do crédito tributário sem que se verifique a extinção da obrigação correspondente, restando, por isto, o direito de a Fazenda Pública, mediante novo lançamento, constituir, na linguagem do CTN, novo crédito tributário. Isto, entretanto, só ocorrerá nos casos em que a causa extintiva só atinja ou afete a formalização do crédito.[12] Na hipótese de novo lançamento, a Fazenda Pública deverá obedecer aos artigos 144, 145 e 149, todos do CTN.[13]

A extinção do crédito tributário por qualquer das formas enumeradas no art. 156 do CTN[14] não impede a Fazenda Pública de revisar o

---

[11] Art. 140. As circunstâncias que modificam o crédito tributário, sua extensão ou seus efeitos, ou as garantias ou os privilégios a ele atribuídos, ou que excluem sua exigibilidade não afetam a obrigação tributária que lhe deu origem.

[12] MACHADO, op. cit., p. 131.

[13] Art. 144. O lançamento reporta-se à data da ocorrência do fato gerador da obrigação e rege-se pela lei então vigente, ainda que posteriormente modificada ou revogada. § 1º Aplica-se ao lançamento a legislação que, posteriormente à ocorrência do fato gerador da obrigação, tenha instituído novos critérios de apuração ou processos de fiscalização, ampliado os poderes de investigação das autoridades administrativas, ou outorgado ao crédito maiores garantias ou privilégios, exceto, neste último caso, para o efeito de atribuir responsabilidade tributária a terceiros. § 2º O disposto neste artigo não se aplica aos impostos lançados por períodos certos de tempo, desde que a respectiva lei fixe expressamente a data em que o fato gerador se considera ocorrido. Art. 145. O lançamento regularmente notificado ao sujeito passivo só pode ser alterado em virtude de: I – impugnação do sujeito passivo; II – recurso de ofício; III – iniciativa de ofício da autoridade administrativa, nos casos previstos no artigo 149. Art. 149. O lançamento é efetuado e revisto de ofício pela autoridade administrativa nos seguintes casos: I – quando a lei assim o determine; II – quando a declaração não seja prestada, por quem de direito, no prazo e na forma da legislação tributária; III – quando a pessoa legalmente obrigada, embora tenha prestado declaração nos termos do inciso anterior, deixe de atender, no prazo e na forma da legislação tributária, a pedido de esclarecimento formulado pela autoridade administrativa, recuse-se a prestá-lo ou não o preste satisfatoriamente, a juízo daquela autoridade; IV – quando se comprove falsidade, erro ou omissão quanto a qualquer elemento definido na legislação tributária como sendo de declaração obrigatória; V – quando se comprove omissão ou inexatidão, por parte da pessoa legalmente obrigada, no exercício da atividade a que se refere o artigo seguinte; VI – quando se comprove ação ou omissão do sujeito passivo, ou de terceiro legalmente obrigado, que dê lugar à aplicação de penalidade pecuniária; VII – quando se comprove que o sujeito passivo, ou terceiro em benefício daquele, agiu com dolo, fraude ou simulação; VIII – quando deva ser apreciado fato não conhecido ou não provado por ocasião do lançamento anterior; IX – quando se comprove que, no lançamento anterior, ocorreu fraude ou falta funcional da autoridade que o efetuou, ou omissão, pela mesma autoridade, de ato ou formalidade especial. Parágrafo único. A revisão do lançamento só pode ser iniciada enquanto não extinto o direito da Fazenda Pública.

[14] Art. 156. Extinguem o crédito tributário: I – o pagamento; II – a compensação; III – a transação; IV – remissão; V – a prescrição e a decadência; VI – a conversão de depósito em renda; VII – o pagamento antecipado e a homologação do lançamento nos termos do disposto no artigo 150 e seus §§ 1º e 4º; VIII – a consignação em pagamento, nos termos do disposto no § 2º do artigo 164;

lançamento, pois o parágrafo único do art. 149 do CTN autoriza este procedimento sempre que a extinção não obstrua o direito de lançar, ou seja, não tenha ainda sido atingido pela decadência. O parágrafo único do art. 156 do CTN dispõe neste sentido.

Devemos asseverar que a decisão administrativa definitiva só legitima o crédito tributário se tiverem sido observados os princípios da ampla defesa e do contraditório. De fato, de forma paralela, a criação de um título executivo sem processo de conhecimento ou anuência prévia do devedor só é admitida em raras hipóteses, como na esfera tributária e, para que seja legítimo, deve ser precedido de processo administrativo que observe os princípios constitucionais acima citados.

No título executivo fiscal, a Fazenda Pública tem o privilégio de possuir instrumentos peculiares para a exigência dos valores que lhe são devidos, em especial a possibilidade de, unilateralmente, lavrar o título executivo extrajudicial que será utilizado no processo de execução fiscal contra o contribuinte, já que, em regra, todo e qualquer título extrajudicial somente tem validade quando o devedor anui expressamente com a sua formação.

A justificativa utilizada para esse tratamento especial dado à Fazenda vem com o mote do "interesse público", ou seja, que as cobranças fiscais tenham celeridade de forma a garantir que o Estado esteja munido dos fundos necessários ao cumprimento dos seus principais deveres e obrigações, consistentes na prestação de serviços públicos, realização de obras públicas, remuneração dos seus funcionários etc.

Não obstante, embora seja de interesse público que o Estado esteja financeiramente apto ao cumprimento de seus fins, a arrecadação dos recursos a eles necessários não pode servir de justificativa para que este viole as garantias individuais dos cidadãos. Em outras palavras, o "interesse público" a ser protegido não é o de simplesmente aumentar a arrecadação a todo custo, mas sim, o interesse da sociedade como um todo de que o Estado cumpra suas funções com observância aos direitos e prerrogativas dos cidadãos.

Ou seja, só se pode falar em atendimento ao "interesse público" se o Estado, ao exercer as atividades e procedimentos relacionados ao lançamento do crédito tributário e à constituição do título a ser inscrito na Dívida Pública, observar os limites delineados na CF, expressos

---

IX – a decisão administrativa irreformável, assim entendida a definitiva na órbita administrativa, que não mais possa ser objeto de ação anulatória; X – a decisão judicial passada em julgado. XI – a dação em pagamento em bens imóveis, na forma e condições estabelecidas em lei. (Incluído pela Lcp n° 104, de 10.1.2001) Parágrafo único. A lei disporá quanto aos efeitos da extinção total ou parcial do crédito sobre a ulterior verificação da irregularidade da sua constituição, observado o disposto nos artigos 144 e 149.

pelos princípios da legalidade, contraditório, ampla defesa, segurança jurídica, impessoalidade, moralidade administrativa e, de especial importância para o presente estudo, devido processo legal, expressamente previsto no art. 5°, inciso LIV, da Constituição Federal (CF).[15]

A integral observância do devido processo legal tem, assim, a fundamental função de legitimar o título executivo unilateralmente constituído pelo ente político tributante, por meio da disponibilização ao sujeito passivo da obrigação tributária (contribuinte ou responsável) de todos os instrumentos legais com os quais ele possa demonstrar a improcedência da cobrança que lhe é feita. Tal legitimação, por óbvio, pressupõe a existência de regras processuais administrativas que sejam fundamentadas no atendimento àqueles princípios constitucionais acima referidos.

A forma proposta para legitimar os títulos executivos no nosso ordenamento jurídico é, portanto, o Processo Administrativo Fiscal, pelo qual se disponibiliza ao contribuinte os meios processuais necessários a que ele se manifeste acerca dos elementos do caso, para que o Poder Público, munido de todos os fatos e observando os princípios constitucionais já mencionados, confirme ou reforme o ato anteriormente praticado. Cria-se, assim, a oportunidade de as próprias autoridades fiscais reverem os lançamentos efetuados, baseadas em elementos trazidos pelo próprio devedor.

Concluindo, a extinção do crédito tributário se traduz em qualquer ato ou fato que libere o sujeito passivo – contribuinte ou responsável –, ou devedor na relação jurídico-tributária, da sujeição em que se encontra ao poder jurídico do sujeito ativo ou credor da relação jurídico-tributária, fazendo desaparecer o direito deste contra aquele.[16]

1.3. Extinção da obrigação acessória

Art. 140. As circunstâncias que modificam o crédito tributário, sua extensão ou seus efeitos, ou as garantias ou os privilégios a ele atribuídos, ou que excluem sua exigibilidade não afetam a obrigação tributária que lhe deu origem.

As obrigações acessórias são deveres instrumentais ou formais atribuídos ao sujeito passivo, contribuinte ou responsável, ou a terceiros que participem direta ou indiretamente da relação jurídico-tri-

---

[15] LIV – ninguém será privado da liberdade ou de seus bens sem o devido processo legal.
[16] SOUSA, op. cit., p. 113.

butária, no interesse da arrecadação ou da fiscalização dos tributos, conforme § 2º do art. 113 do CTN.[17]

O CTN não tratou da extinção das obrigações acessórias por considerar que as mesmas se extinguem mediante a implementação das prestações, positivas ou negativas, que constituem o seu objeto.[18] Isto porque, não obstante denominarem-se obrigações acessórias, elas independem da existência de eventual obrigação principal na qual possa figurar, porventura, o devedor da obrigação acessória.

1.4. Modalidades de extinção do crédito tributário

Art. 156. Extinguem o crédito tributário:

I – o pagamento;

II – a compensação;

III – a transação;

IV – remissão;

V – a prescrição e a decadência;

VI – a conversão de depósito em renda;

VII – o pagamento antecipado e a homologação do lançamento nos termos do disposto no artigo 150 e seus §§ 1º e 4º;

VIII – a consignação em pagamento, nos termos do disposto no § 2º do artigo 164;

IX – a decisão administrativa irreformável, assim entendida a definitiva na órbita administrativa, que não mais possa ser objeto de ação anulatória;

X – a decisão judicial passada em julgado.

XI – a dação em pagamento em bens imóveis, na forma e condições estabelecidas em lei.

O CTN traça, por força do art. 146, III, *b*, da CF/88,[19] normas gerais em matéria de legislação tributária, especialmente sobre o concei-

---

[17] Art. 113. A obrigação tributária é principal ou acessória. § 1º A obrigação principal surge com a ocorrência do fato gerador, tem por objeto o pagamento de tributo ou penalidade pecuniária e extingue-se juntamente com o crédito dela decorrente. § 2º A obrigação acessória decorre da legislação tributária e tem por objeto as prestações, positivas ou negativas, nela previstas no interesse da arrecadação ou da fiscalização dos tributos.

[18] AMARO, Luciano. *Direito Tributário Brasileiro*. 6. ed. São Paulo: Saraiva, 2001, p. 367.

[19] Art. 146. Cabe à lei complementar: (...) III – estabelecer normas gerais em matéria de legislação tributária, especialmente sobre: (...) b) obrigação, lançamento, crédito, prescrição e decadência tributários; (...)

Extinção do Crédito Tributário

to de crédito tributário. Tais normas gerais são normas-quadro,[20] ou seja, orientação, jamais supressão de competência aos legisladores dos entes federativos. É a lei própria da pessoa competente para instituir o tributo que irá dispor, de forma exaustiva, sob de que forma o crédito tributário será extinto.

Corrobora o afirmado o inciso VI do art. 97 do CTN[21] que concretiza o princípio da estrita legalidade tributária. Portanto, os efeitos extintivos peculiares estabelecidos no CTN são inalteráveis por lei ordinária dos entes políticos, pois o código traça o chamado quadro mínimo, o que não significa afirmar que estes não possam tratar da matéria.

Afirmamos, assim, que o rol do art. 156 do CTN não é exaustivo, pois, respeitado o quadro mínimo, poderão os entes políticos legislar sobre tudo que configurar exercício da competência tributária, atribuindo efeitos extintivos peculiares a institutos e princípios de Direito Privado que se compatibilizem com a estrutura do Direito Tributário. Explicamos.

O CTN, como lei complementar de Direito Tributário, dita as normas gerais como critérios de validade da legislação ordinária da União, Estados, Distrito Federal e Municípios, as quais não poderão contrariá-lo. Isto não veda que a legislação dos entes políticos não possa complementá-lo supletivamente.

Destarte, os efeitos extintivos peculiares estabelecidos diretamente no CTN são inalteráveis por lei ordinária dos entes federativos. Portanto, quer a lei complementar de normas gerais, quer, supletivamente, a lei ordinária do ente político competente (respeitados os limites impostos nas normas-quadro) poderão atribuir efeitos extintivos peculiares a institutos e princípios de Direito Privado diferentes daqueles que lhe são próprios, segundo a lei civil.

Assim, o CTN, modelando total ou parcialmente o instituto da extinção do crédito tributário, poderá deixar espaço a ser suplementado pelos legisladores das entidades políticas, desde que estes obedeçam aos artigos 109 e 110, ambos do CTN,[22] combinados com o § 7º do

---

[20] BALEEIRO, Aliomar. *Direito Tributário Brasileiro*. 11. ed. Atualizada por Misabel Abreu Machado Derzi. Rio de Janeiro: 2001, p. 856/858.

[21] Art. 97. Somente a lei pode estabelecer: VI – as hipóteses de exclusão, suspensão e extinção de créditos tributários, ou de dispensa ou redução de penalidades.

[22] Art. 109. Os princípios gerais de direito privado utilizam-se para pesquisa da definição, do conteúdo e do alcance de seus institutos, conceitos e formas, mas não para definição dos respectivos efeitos tributários. Art. 110. A lei tributária não pode alterar a definição, o conteúdo e o alcance de institutos, conceitos e formas de direito privado, utilizados, expressa ou implicitamente, pela Constituição Federal, pelas Constituições dos Estados, ou pelas Leis Orgânicas do Distrito Federal ou dos Municípios, para definir ou limitar competências tributárias.

art. 150 da CF/88, não esgotando todas as modalidades de extinção do crédito tributário. No Direito Privado há outras formas de extinção da obrigação, como a novação (art. 360 do CC) e a confusão (art. 381 do CC).

A novação pode fundar-se na substituição da dívida ou objeto da prestação, ou pela substituição das pessoas que figuram na dívida anterior, donde as espécies de novação objetiva e subjetiva. Por tratar-se de extinção voluntária de obrigações, não se pode aplicar ao Direito Tributário, que tem na lei a fixação de todos os elementos da relação jurídico-tributária. Contudo, o fato de esta relação jurídico-tributária ser uma relação *ex lege* não veda a alteração ou substituição dos seus elementos constitutivos, *v.g.*, a sujeição passiva indireta do responsável tributário, que neste caso vem veiculada por lei e não por acordo entre as partes.[23] Frise-se que, no âmbito do Direito Tributário, o parcelamento (hipótese de suspensão da exigibilidade do crédito tributário) não traduz novação objetiva (extinção das obrigações em geral).A confusão é a extinção de uma obrigação em virtude de vir a se confundir na mesma pessoa as condições de credor e devedor. Aplica-se no Direito Tributário quando, *v.g.*, ocorre a herança jacente, na hipótese de falecimento de alguém sem deixar testamento nem herdeiro legítimo, e os bens arrecadados possuírem dívidas tributárias pendentes. Ocorre, também, *v.g.*, nas empresas incorporadas ao patrimônio público, no momento em que o Estado desapropria ações de uma sociedade anônima que é devedora de impostos, tornando-se, assim, credor e devedor da obrigação tributária.[24] Por fim, pode ocorrer, *v.g.*, quando um Município desapropria imóvel com débito de IPTU.[25]

Por fim, ainda que saibamos ser doutrinariamente sustentável e com precedente na jurisprudência da Corte Constitucional a tese se-

---

[23] SOUSA, Op. cit., p. 114.

[24] ROSA JUNIOR, Luiz Emygdio Franco da. *Manual de Direito Financeiro e Direito Tributário*. 15. ed. Rio de Janeiro: Renovar, 2001, p. 578.

[25] AgRg no Ag 117895/MG, Rel. Ministro ARI PARGENDLER, SEGUNDA TURMA, julgado em 10/10/1996, DJ 29/10/1996. TRIBUTÁRIO. IMPOSTO PREDIAL E TERRITORIAL URBANO. ESBULHO POSSESSÓRIO PRATICADO PELO PRÓPRIO MUNICÍPIO QUE EXIGE O TRIBUTO. Os litígios possessórios entre particulares não afetam a obrigação de pagar o Imposto Predial e Territorial Urbano, Resolvendo-se entre eles a indenização acaso devida a esse título; já quem, sendo contribuinte na só condição de possuidor, e esbulhado da posse pelo próprio município, não está obrigado a recolher o tributo ate nela ser reintegrado por sentença judicial, a míngua do fato gerador previsto no art. 32/CTN, confundindo-se nesse caso o sujeito ativo e o sujeito passivo do imposto. Agravo Regimental Improvido. Trecho do voto condutor: "... Na espécie, todavia, o esbulho foi praticado pelo próprio Município de Belo Horizonte, sujeito ativo do tributo, que, imitindo-se na posse, confundiu-se com o sujeito passivo – não se compreendendo que o esbulhado deva recolher imposto indevido, para depois reavê-lo em ação própria sob a forma de indenização, sendo flagrante o fato inibidor da obrigação tributária, vale dizer, a posse pelo próprio Poder Público...".

Extinção do Crédito Tributário

gundo a qual o rol do art. 156 não é exaustivo, o STF já deixou assente que as hipóteses de extinção do crédito tributário não podem ser veiculadas por lei ordinária. Vale dizer, no âmbito da Excelsa Corte, a tese da taxatividade da lista tem sido estritamente seguida. Basta conferir as decisões nas ADI 1.917/DF (2007) e ADI 124/SC (2008).

No primeiro caso, foi declarada inconstitucional disposição de lei distrital que facultava microempresas, empresas de pequeno porte e médias empresas extinguir tributos mediante dação em pagamento de bens móveis (no caso, materiais destinados a atender programas de governo do DF). No segundo, foi declarada a inconstitucionalidade de dispositivo da Constituição do Estado de Santa Catarina que estabelecia nova hipótese de decadência (no caso, a lei exigia o arquivamento de processo administrativo tributário por decurso de prazo, sem a possibilidade de revisão do lançamento). Em ambos os casos, o fundamento para a declaração de inconstitucionalidade foi o mesmo: "Viola o art. 146, III, *b*, da CF norma que estabelece hipótese de extinção do crédito tributário não prevista em lei complementar federal".

2. Pagamento

2.1. Pagamento

O art. 156 do CTN elenca as formas de extinção do crédito tributário. Na teoria das obrigações, pagamento tem um sentido amplo e outro restrito. De Orlando Gomes[26] extraímos a lição no sentido de que pagamento no sentido amplo significa o adimplemento de todo tipo de obrigação. No sentido estrito, significa o adimplemento das obrigações pecuniárias.

Sendo a obrigação tributária pecuniária, a teor do art. 3º do CTN,[27] o pagamento previsto no inciso I do art. 156 do CTN refere-se ao sentido estrito do termo. Com efeito, devemos abordar, por oportuno, as demais formas de pagamento, apontadas no sentido amplo, antes da específica análise do pagamento em sentido estrito previsto neste inciso.

2.2. A conversão de depósito em renda

Só haverá a conversão do depósito em renda após o trânsito em julgado da decisão judicial. Efetivado o depósito na esfera administrativa, dar-se-á trinta dias após o contribuinte ter sido notificado da decisão irreformável desfavorável em processo administrativo.

Um ponto interessante é a possibilidade da "conversão" do depósito administrativo para a esfera judicial. Essa matéria se tornou muito comum na época em que ainda tínhamos o depósito recursal (de 30%) no Estado do Rio de Janeiro e na esfera federal. Apesar de a

---

[26] GOMES, Orlando. *Obrigações*. Rio de Janeiro: Forense. 1984, p. 106.

[27] Art. 3º. Tributo é toda prestação pecuniária compulsória, em moeda ou cujo valor nela se possa exprimir, que não constitua sanção de ato ilícito, instituída em lei e cobrada mediante atividade administrativa plenamente vinculada.

Extinção do Crédito Tributário

transformação do depósito recursal em judicial não ser hipótese prevista na legislação de regência, diga-se o CTN, permitir a apropriação dos valores depositados administrativamente em garantia de instância significaria atentado ao direito do contribuinte de depósito previsto no inciso II do art. 151 do Códex Tributário, cuja *ratio essendi* é afastar os nefastos efeitos do *solve et repete*. Ademais, caso seja tolerada a conversão em renda dos valores, a devolução destes, no eventual êxito da demanda, submeter-se-á ao rito constitucional do precatório, cuja morosidade imporá inegável prejuízos ao contribuinte.[28]

O depósito é direito subjetivo do contribuinte, sendo assim já reconhecido na jurisprudência. No âmbito administrativo, contudo, deve ser regulamentado por lei do ente político que possui a competência tributária para instituir o tributo.

A suspensão da exigibilidade do crédito tributário só ocorrerá quando o depósito for integral e em dinheiro, conforme o verbete da Súmula nº 112 do STJ,[29] pois, caso contrário, caberá a cobrança da diferença pela Fazenda Pública.

A jurisprudência estava assentada no sentido de que a conversão em renda só ocorria com o trânsito em julgado com decisão de mérito favorável à Fazenda Pública.[30] Contudo, a linha de interpretação jurisprudencial do STJ mudou, entendendo-se que, extinto o processo sem resolução de mérito, o depósito deve ser convertido em renda da Fazenda Pública. Isto porque as causas de extinção do processo

---

[28] TRF4 – AG – AGRAVO DE INSTRUMENTO – 200304010105506 – 30.06.2004 – JUÍZA MARIA LUCIA LUZ LEIRIA Relator(a) Ac.: JUIZ LUIZ CARLOS DE CASTRO LUGON. AGRAVO DE INSTRUMENTO. DEPOSITO RECURSAL. ADMINISTRATIVO. DEPOSITO JUDICIAL. POSSIBILIDADE DE TRANSFORMAÇÃO. – Apesar da transformação do depósito recursal em judicial não ser hipótese prevista na legislação de regência, permitir a apropriação dos valores depositados em garantia de instância significaria atentado ao direito do contribuinte de depósito previsto no art. 151, II, do CTN, cuja *ratio essendi* é arredar os nefastos efeitos do solve et repete. Ademais, tolerar-se a conversão em renda dos valores, a devolução destes, no eventual êxito da demanda, submeter-se-á ao rito constitucional do precatório, cuja morosidade imporá inegável prejuízos ao contribuinte.

[29] Súmula: 112 O depósito somente suspende a exigibilidade do crédito tributário se for integral e em dinheiro.

[30] STJ – AERESP – AGRAVO REGIMENTAL NOS EMBARGOS DE DIVERGÊNCIA NO RECURSO ESPECIAL – 249647 – Órgão Julgador: PRIMEIRA SEÇÃO – Data da decisão: 22/09/2004 – DJ DATA: 25/10/2004 PG: 00207 Relator(a) DENISE ARRUDA. 1. Nos termos da orientação desta Primeira Seção, "o depósito para suspender a exigibilidade do crédito tributário só pode ser convertido em renda da UNIÃO, ou devolvido ao contribuinte, após o trânsito em julgado da sentença. Diferentemente, quando a sentença extingue o processo sem julgamento do mérito, pode o depósito ser imediatamente devolvido ao contribuinte, que fica assim privado da suspensividade, inexistindo a possibilidade de haver, em favor da FAZENDA, a conversão do depósito em renda" (ERESP 270083/SP, Rel. Min. Eliana Calmon, DJ 02/09/2002, unânime) (...).

em julgamento do mérito são invariavelmente imputáveis ao autor da ação, nunca ao réu.[31]

Admitir que, em tais casos, o autor é quem deva levantar o depósito judicial significaria dar-lhe o comando sobre o destino da garantia que ofereceu, o que importaria retirar do depósito a substância fiduciária que lhe é própria. Assim, ressalvadas as óbvias situações em que a pessoa de direito público não é parte na relação de direito material questionada – e que, portanto, não é parte legítima para figurar no processo – o depósito judicial somente poderá ser levantado pelo contribuinte que, no mérito, se consagrar vencedor. Nos demais casos, incluindo a extinção do processo sem resolução de mérito, o depósito deve ser convertido em renda.

A justificativa desta interpretação jurisprudencial também está naquelas hipóteses em que o provimento da tutela de urgência tem efeitos satisfativos como, por exemplo, o mandado de segurança ou ação ordinária que visa à liberação de mercadorias apreendidas pelo fisco.[32]

2.3. O pagamento antecipado e a homologação do lançamento nos termos do artigo 150 e seus §§ 1º e 4º

Art. 150. O lançamento por homologação, que ocorre quanto aos tributos cuja legislação atribua ao sujeito passivo o dever de antecipar o pagamento sem prévio exame da autoridade administrativa, opera-se pelo ato em que a referida autoridade, tomando conhecimento da atividade assim exercida pelo obrigado, expressamente a homologa.

§ 1º O pagamento antecipado pelo obrigado nos termos deste artigo extingue o crédito, sob condição resolutória da ulterior homologação ao lançamento.

---

[31] STJ – ERESP – 279352 – Órgão Julgador: PRIMEIRA SEÇÃO – Data da decisão: 26/04/2006 – Fonte DJ DATA: 22/05/2006 – Relator(a) LUIZ FUX. 1. Conquanto primeiramente firmado entendimento no sentido de que na hipótese de extinção do feito sem julgamento do mérito, o depósito deveria ser devolvido ao contribuinte, que ficava privado da suspensividade, inexistindo a possibilidade de haver, em favor da Fazenda, a conversão do depósito em renda (ERESP 270083/SP, Rel. Min. ELIANA CALMON, DJ 02/09/2002), em recente decisão, a Eg. Primeira Seção alterou este entendimento, a fim de determinar, nessa hipótese, a conversão em renda da União do montante depositado em juízo (ERESP 227.835-SP, Rel. Min. Teori Zavascki, DJ de 05.12.2005) (...).

[32] A Lei nº 12.016/2009, que veio a dar nova disciplina ao Mandado de Segurança, em seu art. 7º, § 2º, vedou expressamente a concessão de medida liminar que tenha por objeto a entrega de mercadorias e bens provenientes do exterior. A constitucionalidade de diversos artigos desta lei foi questionada pelo Conselho Federal da Ordem dos Advogados do Brasil, que ajuizou perante o Supremo Tribunal Federal ação direta de inconstitucionalidade (Adin nº 4296).

Extinção do Crédito Tributário

§ 2º Não influem sobre a obrigação tributária quaisquer atos anteriores à homologação, praticados pelo sujeito passivo ou por terceiro, visando à extinção total ou parcial do crédito.

§ 3º Os atos a que se refere o parágrafo anterior serão, porém, considerados na apuração do saldo porventura devido e, sendo o caso, na imposição de penalidade, ou sua graduação.

§ 4º Se a lei não fixar prazo a homologação, será ele de cinco anos, a contar da ocorrência do fato gerador; expirado esse prazo sem que a Fazenda Pública se tenha pronunciado, considera-se homologado o lançamento e definitivamente extinto o crédito, salvo se comprovada a ocorrência de dolo, fraude ou simulação.

O pagamento antecipado e a homologação do lançamento terão efeitos relevantes no que toca ao prazo de repetição do indébito, na forma do art. 168 do CTN.[33] Importante citar a alteração legislativa implementada pelo art. 3º da LC nº 118/05, de 9 de fevereiro de 2005, o qual pretendeu promover uma interpretação autêntica do inciso I do art. 168 do CTN, fixando que a extinção do crédito tributário ocorre, no caso de tributo sujeito a lançamento por homologação, no momento do pagamento antecipado de que trata o § 1º do art. 150 do CTN. Este tema será tratado oportunamente.

Por ora, é relevante afirmar que o pagamento antecipado pelo obrigado, nos termos do § 4º do art. 150, extingue o crédito, sob condição resolutória da ulterior homologação do lançamento. Outrossim, o pagamento também poderá ocorrer na esfera dos lançamentos por declaração e de ofício, mas, no artigo em comento, quer-se destacar a modalidade de lançamento por homologação. Caso o pagamento não seja integral, poderá a Fazenda implementar lançamento de ofício para exigir a diferença.

2.4. Imposição de penalidades

Art. 157. A imposição de penalidades não ilide o pagamento integral do crédito tributário.

A imposição de penalidades não elimina ou suprime a obrigação de pagar integralmente o crédito tributário. A penalidade pecuniária,

---

[33] Art. 168. O direito de pleitear a restituição extingue-se com o decurso do prazo de 5 (cinco) anos, contados: I – nas hipóteses dos incisos I e II do artigo 165, da data da extinção do crédito tributário; II – na hipótese do inciso III do artigo 165, da data em que se tornar definitiva a decisão administrativa ou passar em julgado a decisão judicial que tenha reformado, anulado, revogado ou rescindido a decisão condenatória.

também denominada de sanção fiscal ou multa tributária, tem natureza jurídica de punição, visando a penalizar o contribuinte por um fato contrário à ordem jurídica ou ao interesse social, tendo em vista o inadimplemento, a negligência ou o dolo às normas tributárias. Deve-se ressaltar que, conforme jurisprudência do STJ sobre denúncia espontânea, mesmo as multas moratórias possuem natureza jurídica de punição.[34]

Assinala Aliomar Baleeiro[35] que a sua função não é compensatória do crédito, como certas cláusulas penais do Direito Civil. Nesta seara do direito, substituem o valor da obrigação por elas assegurada, sendo uma pré-avaliação das perdas e danos, indenização devida pelo não cumprimento da obrigação. Deste modo, o credor não pode exigir o valor desta e o da pena cumulativamente, conforme determinam os artigos 408 a 416, todos do CC.

---

[34] AgRg no REsp 919886/SC, Min. Humberto Martins, 2ª Turma, DJe 24.02.2010. TRIBUTÁRIO – PROCESSUAL CIVIL – ART.138 DO CTN – DENÚNCIA ESPONTÂNEA RECONHECIDA PELA CORTE A QUO – TRIBUTO SUJEITO A LANÇAMENTO POR HOMOLOGAÇÃO – INOVAÇÃO RECURSAL – IMPOSSIBILIDADE – MULTA MORATÓRIA AFASTADA. 1. O acórdão recorrido entendeu caracterizada a denúncia espontânea evidenciando que: a) houve pagamento integral do tributo acrescido de multa de mora; b) a Fazenda não contestou o fato da inexistência de prévia fiscalização ou abertura de procedimento administrativo. 2. A Corte a quo não fez distinção entre a natureza do ato homologatório do tributo, se por homologação ou por outro meio, limitando-se a interpretar o art. 138 do CTN. Trata-se de inovação recursal insuscetível de conhecimento dada a ausência de prequestionamento. 3. É desnecessário fazer distinção entre multa moratória e multa punitiva, visto que ambas são excluídas em caso de configuração da denúncia espontânea. Precedentes. Agravo regimental improvido. REsp 905056/SP, Min. Teori Albino Zavascki, 1ª Turma, DJ 19.12.2007 p. 1154. TRIBUTÁRIO. DENÚNCIA ESPONTÂNEA. CONFIGURAÇÃO. MULTA MORATÓRIA. EXCLUSÃO. PRECEDENTE: RESP. 907.710/SP. 1. A divergência jurisprudencial ensejadora do conhecimento do recurso especial pela alínea c deve ser devidamente demonstrada, conforme as exigências dos arts. 541, parágrafo único, do CPC e 255 do RISTJ. 2. A jurisprudência assentada no STJ considera inexistir denúncia espontânea quando o pagamento se referir a tributo constante de prévia Declaração de Débitos e Créditos Tributários Federais – DCTF ou de Guia de Informação e Apuração do ICMS – GIA, ou de outra declaração dessa natureza, prevista em lei. Considera-se que, nessas hipóteses, a declaração formaliza a existência (= constitui) do crédito tributário, e, constituído o crédito tributário, o seu recolhimento a destempo, ainda que pelo valor integral, não enseja o benefício do art. 138 do CTN (Precedentes da 1ª Seção: AGERESP 638069/SC, Min. Teori Albino Zavascki, DJ de 13.06.2005; AgRg nos EREsp 332.322/SC, 1ª Seção, Min. Teori Zavascki, DJ de 21/11/2005). 3. Entretanto, não tendo havido prévia declaração pelo contribuinte, configura denúncia espontânea, mesmo em se tratando de tributo sujeito a lançamento por homologação, a confissão da dívida acompanhada de seu pagamento integral, anteriormente a qualquer ação fiscalizatória ou processo administrativo (Precedente: AgRg no Ag 600.847/PR, 1ª Turma, Min. Luiz Fux, DJ de 05/09/2005). 4. Relativamente à natureza da multa moratória, esta Corte já se pronunciou no sentido de que "o Código Tributário Nacional não distingue entre multa punitiva e multa simplesmente moratória; no respectivo sistema, a multa moratória constitui penalidade resultante de infração legal, sendo inexigível no caso de denúncia espontânea, por força do artigo 138 (...)" (REsp 169877/SP, 2ª Turma, Min. Ari Pargendler, DJ de 24.08.1998). Precedente: AgRg nos EREsp 584.558/MG, Luiz Fux, Primeira Seção, DJ 20.03.2006. 5. Recurso especial desprovido.

[35] BALEEIRO, Op. cit., p. 862.

No Direito Tributário, a Fazenda Pública pode exigir do sujeito passivo o tributo, bem como a multa, cumulativamente. Ambas se enquadram no conceito mais amplo de obrigação tributária principal, por força do § 1º do art. 113 do CTN.[36] Em verdade, o conceito de crédito tributário, encartado no art. 142 do CTN, vai abarcar o tributo e a penalidade pecuniária, bem como os juros de mora, por força do art. 161 do CTN, e a correção monetária. Esta já foi consolidada pela jurisprudência do STJ como simples atualização do valor da moeda, não significando um *plus* ou um acréscimo ao valor do tributo. Assim, penalidade pecuniária, juros de mora e correção monetária são os denominados acréscimos legais.[37]

Deve-se ressaltar que as sanções políticas não devem e não podem ser usadas como forma indireta e coativa de cobrar tributos, pois seriam pagamentos forçados. Ofendem a livre iniciativa, o livre exercício da atividade econômica e o devido processo legal, previstos no art. 5º, incisos LIV, LV e XIII, c/c art. 170, parágrafo único, ambos da CF/88, haja vista que a Fazenda Pública já possui meios próprios e adequados para a cobrança de seus créditos, na forma da Lei nº 6.830/80, Lei de Execuções Fiscais – LEF –, a qual lhe confere amplos privilégios e preferências.

Este entendimento já foi cristalizado pelo STF, nos verbetes das Súmulas nº 70 ("é inadmissível a interdição de estabelecimento como meio coercitivo para cobrança de tributo"), nº 323 ("é inadmissível a apreensão de mercadorias como meio coercitivo para pagamento de tributos") e nº 547 ("não é lícito à autoridade proibir que o contribuin-

---

[36] Art. 113. A obrigação tributária é principal ou acessória. § 1º A obrigação principal surge com a ocorrência do fato gerador, tem por objeto o pagamento de tributo ou penalidade pecuniária e extingue-se juntamente com o crédito dela decorrente.

[37] STJ – AGRESP 497291 Órgão Julgador: PRIMEIRA TURMA Data da decisão: 27/05/2003 Relator(a) JOSÉ DELGADO. (...) A correção monetária não se constitui em um plus; não é uma penalidade, sendo, tão-somente, a reposição do valor real da moeda, corroído pela inflação. Portanto, independe de culpa das partes litigantes. Pacífico na jurisprudência desta Corte o entendimento de que é devida a aplicação dos índices de inflação expurgados pelos planos econômicos (Planos Bresser, Verão, Collor I e II), como fatores de atualização monetária de débitos judiciais. 8. Este Tribunal tem adotado o princípio de que deve ser seguido, em qualquer situação, o índice que melhor reflita a realidade inflacionária do período, independentemente das determinações oficiais. Assegura-se, contudo, seguir o percentual apurado por entidade de absoluta credibilidade e que, para tanto, mereça credenciamento do Poder Público, como é o caso da Fundação IBGE. É firme a jurisprudência desta Corte que, para tal propósito, há de se aplicar o IPC, por melhor refletir a inflação à sua época. 9. Não está o Poder Judiciário autorizado a legislar, a fazer a lei, mas, sim, interpretá-la dentro da maneira mais justa e fiel ao ordenamento jurídico vigorante para os jurisdicionados. 10. Aplicação dos índices de correção monetária da seguinte forma: a) por meio do IPC, no período de março/1990 a fevereiro/1991; b) a partir da promulgação da Lei nº 8.177/91, a aplicação do INPC (até dezembro/1991); e c) só a partir de janeiro/1992, a aplicação da UFIR, nos moldes estabelecidos pela Lei nº 8.383/9.

te em débito adquira estampilhas, despache mercadorias nas alfândegas e exerça suas atividades profissionais").

Existe farta jurisprudência neste sentido, explicitando, por exemplo, que é inadmissível o indeferimento da inscrição no cadastro de contribuintes de ICMS como meio coercitivo para cobrança de tributos;[38] que não é lícito o indeferimento do pedido de expedição da segunda via do cartão do Cadastro Nacional de Pessoa Jurídica – CNPJ –, sob o argumento de que os sócios da empresa têm pendências com a Receita Federal, pois se cuida de sanção política sem previsão legal, no caso, uma restrição à liberdade de desenvolver atividade econômica, utilizada como meio de cobrança de valores devidos ao fisco;[39] que existe violação pelo Poder Público ao praticar ato negando ao comerciante em débito de tributos à aquisição dos selos necessários ao livre exercício das suas atividades, já que a Fazenda Pública deve cobrar os seus créditos através de execução fiscal, sem impedir direta ou indiretamente a atividade profissional do contribuinte, pois é defeso à administração impedir ou cercear a atividade profissional do contribuinte, para compeli-lo ao pagamento de débito, uma vez que tal procedimento redundaria no bloqueio de atividades lícitas, mercê de representar hipótese da autotutela, medida excepcional ante o monopólio da jurisdição nas mãos do Estado-Juiz.[40]

Não obstante, o STF parece estar relativizando sua antiga posição, ao adotar uma postura mais tolerante com as sanções políticas quando em cotejo com outros princípios constitucionais. Pode-se citar o *leading case* representado pela ADI 3952, em que se discute a apli-

---

[38] STF – AI-AgR – AG.REG.NO AGRAVO DE INSTRUMENTO – 367909 UF: MG – MINAS GERAIS Órgão Julgador: DJ 23-08-2002 – Relator(a) NELSON JOBIM. EMENTA: Inscrição no cadastro de contribuintes de ICMS. É inadmissível o indeferimento como meio coercitivo para cobrança de tributos. Precedentes do STF. Regimental não provido

[39] TRIBUNAL – QUINTA REGIÃO – AGIAMS 72053 Órgão Julgador: Primeira Turma Data da decisão: 22/05/2003 Relator(a) Desembargador Federal Paulo Machado Cordeiro. Não é lícito o indeferimento do pedido de expedição da segunda via do cartão do cadastro nacional de pessoa jurídica – CNPJ, sob o argumento de que os sócios da empresa têm pendências com a receita federal. – cuida-se de sanção política sem previsão legal, no caso, uma restrição à liberdade de desenvolver atividade econômica, utilizada como meio de cobrança de valores devidos ao fisco. – agravo inominado improvido.

[40] STJ – RESP 414486 Órgão Julgador: PRIMEIRA TURMA Data da decisão: 07/05/2002 Relator(a) LUIZ FUX. Violação que o Poder Público pratica, pelo ato de seus agentes, negando ao comerciante em débito de tributos à aquisição dos selos necessários ao livre exercício das suas atividades. Artigo 170, parágrafo único da Carta Magna. – *Ratio essendi* das Súmulas 70, 323 e 547 do E. STF e 127 do STJ no sentido de que a Fazenda Pública deve cobrar os seus créditos através de execução fiscal, sem impedir direta ou indiretamente a atividade profissional do contribuinte. – É defeso à administração impedir ou cercear a atividade profissional do contribuinte, para compeli-lo ao pagamento de débito, uma vez que tal procedimento redundaria no bloqueio de atividades lícitas, mercê de representar hipótese da autotutela, medida excepcional ante o monopólio da jurisdição nas mãos do Estado-Juiz. – Recurso improvido.

Extinção do Crédito Tributário

cação de "pena política", cancelamento de registro especial de fábrica de cigarros e, consequentemente, fechamento do estabelecimento. Nesses casos, embora a tradição do STF de rejeitar penas políticas, ele parece estar relativizando seu entendimento em face do princípio da livre concorrência.[41]

2.5. Prova do pagamento

Art. 158. O pagamento de um crédito não importa em presunção de pagamento:

I – quando parcial, das prestações em que se decomponha;

II – quando total, de outros créditos referentes ao mesmo ou a outros tributos.

No Direito Privado, o art. 322 do CC estabelece que "quando o pagamento for em quotas periódicas, a quitação da última estabelece, até prova em contrário, a presunção de estarem solvidas as anteriores". Já no Direito Tributário, esta presunção relativa é afastada pelo art. 158 do CTN.

Pelo inciso I, *v.g.*, no caso do IPTU, que pode ser pago de forma parcelada, o pagamento da última parcela não induz à quitação das parcelas anteriores. Já no inciso II, o pagamento de um tributo, *v.g.*, o IR, não significa a quitação de outros créditos tributários pendentes relacionados a este tributo, como os juros de mora, a correção monetária ou as multas.

Significa também que o pagamento, *v.g.*, do IPTU, não implica a quitação de outros tributos administrados pelo ente competente para instituí-los, no caso do Município, o ISS e o ITBI. Por fim, significa que o pagamento, *v.g.*, do IR, referente ao ano-base de 2004, não gera a presunção de pagamento do IR ano-base de 2003.

Por não gerar presunção absoluta de pagamento das demais prestações e nem de outros créditos, não tem a Fazenda Pública motivo para recusar o recebimento de um tributo sob o argumento de que há dívida, ainda não paga, de outro tributo, outros créditos tributários, ou de qualquer outro valor oferecido pelo contribuinte a menor que o supostamente devido. Qualquer quantia oferecida pelo sujeito

---

[41] Íntegra do Informativo 605 STF – Tribunal Pleno – MEDIDA CAUTELAR EM AÇÃO CAUTELAR – AC 1657 MC / RJ – Min. Joaquim Barbosa – 27.06.2007.

passivo pode ser recebida, sem prejuízo da posterior cobrança da diferença, caso exista.[42]

Por fim, podemos afirmar que o dispositivo também não admite presunção de pagamento por ser necessária a apresentação de documento de arrecadação, expedido pela repartição fazendária ou pelo estabelecimento bancário autorizado pelo ente político para arrecadar tributos, como prova de pagamento do tributo.[43]

2.6. Lugar do pagamento

Art. 159. Quando a legislação tributária não dispuser a respeito, o pagamento é efetuado na repartição competente do domicílio do sujeito passivo.

No Direito Privado, conforme o art. 327 do CC, "efetuar-se-á o pagamento no domicílio do devedor, salvo se as partes convencionarem diversamente, ou se o contrário resultar da lei, da natureza da obrigação ou das circunstâncias".

Com efeito, no Direito Privado, a obrigação é *querable*, com exceção das hipóteses previstas na lei civil. Assim, o credor deve recebê-la no domicílio, estabelecimento ou residência do devedor, necessitando interpelá-lo para constituí-lo em mora, com a prova de que recusou o pagamento da prestação.[44]

Já no Direito Tributário, em princípio, o pagamento é *portable*, integrando-se o art. 159 com o art. 127 do CTN.[45] O sujeito passivo deve

---

[42] MACHADO, op. cit., p. 133.

[43] REsp 511480/RS, Rel. Ministro LUIZ FUX, PRIMEIRA TURMA, julgado em 24/06/2003, DJ 04/08/2003. TRIBUTÁRIO. IPVA. PAGAMENTO. PROVA. CERTIFICADO DE REGISTRO E LICENCIAMENTO DE VEÍCULO. QUITAÇÃO DAS PARCELAS SUBSEQÜENTES. IRRELEVÂNCIA. 1. A expedição de certificado de registro e licenciamento de veículo, embora condicionada à quitação de tributos incidentes sobre a propriedade de veículo automotor, não é dotada de qualquer eficácia liberatória de obrigação fiscal. 2. A quitação de tributos se faz através do respectivo Documento de Arrecadação Fiscal – DARF, com recibo emitido pela instituição financeira credenciada ao recebimento dos valores recolhidos a esse título, não se prestando a esse mister certificado lavrado por terceiro estranho à relação tributária, mesmo que órgão público, vinculado ao Estado credor. 3. No Direito Tributário, a quitação de parcelas subseqüentes não cria a presunção de pagamento das anteriores. (Inteligência do art. 158 do CTN). 4. Recurso Especial Desprovido.

[44] BALEEIERO, op. cit., p. 864.

[45] Art. 127. Na falta de eleição, pelo contribuinte ou responsável, de domicílio tributário, na forma da legislação aplicável, considera-se como tal: I – quanto às pessoas naturais, a sua residência habitual, ou, sendo esta incerta ou desconhecida, o centro habitual de sua atividade; II – quanto às pessoas jurídicas de direito privado ou às firmas individuais, o lugar da sua sede, ou, em relação aos atos ou fatos que derem origem à obrigação, o de cada estabelecimento; III – quanto às

comparecer à repartição competente situada em seu domicílio fiscal para pagar o crédito tributário.

Não obstante, por não ser absoluta a disposição legal, pode dispor a legislação de forma diferente, determinando o pagamento noutra repartição ou por intermédio da rede bancária, o que é o mais comum. O que se deve ressaltar é que a iniciativa deve ser sempre do contribuinte em diligenciar para pagar a obrigação tributária, independente de cobrança.[46]

2.7. Prazo de pagamento

Art. 160. Quando a legislação tributária não fixar o tempo de pagamento, o vencimento do crédito ocorre trinta dias depois da data em que se considera o sujeito notificado do lançamento.

Parágrafo único. A legislação tributária pode conceder desconto pela antecipação do pagamento, nas condições que estabeleça.

A regra do art. 160 é supletiva, pois o legislador da pessoa de Direito Público competente para instituir o tributo é quem vai fixar a data de vencimento da obrigação tributária. Esta regra não é aplicável ao lançamento por homologação, já que, nesta modalidade de constituição do crédito tributário, o pagamento deve ser feito antecipadamente, não havendo notificação do lançamento. Logo, é imprescindível que, para os tributos submetidos a tal sistemática, a legislação de cada tributo fixe expressamente o prazo para pagamento.

O conceito de "legislação tributária" firmado no art. 96 do CTN[47] envolve a lei, em sentido formal, e mais os tratados e as convenções internacionais, os decretos e as normas complementares que versem,

---

pessoas jurídicas de direito público, qualquer de suas repartições no território da entidade tributante. § 1º Quando não couber a aplicação das regras fixadas em qualquer dos incisos deste artigo, considerar-se-á como domicílio tributário do contribuinte ou responsável o lugar da situação dos bens ou da ocorrência dos atos ou fatos que deram origem à obrigação. § 2º A autoridade administrativa pode recusar o domicílio eleito, quando impossibilite ou dificulte a arrecadação ou a fiscalização do tributo, aplicando-se então a regra do parágrafo anterior.

[46] STJ – RESP – 14317. Órgão Julgador: SEGUNDA TURMA. Data da decisão: 04/12/1995. Relator(a) ARI PARGENDLER. Quando a legislação tributaria não dispuser a respeito, o pagamento é efetuado na repartição competente do domicílio do sujeito passivo (CTN, art. 159); se o credito tributário estiver sendo cobrado judicialmente, o pagamento deve se dar perante o juiz da causa (...).

[47] Art. 96. A expressão 'legislação tributária' compreende as leis, os tratados e as convenções internacionais, os decretos e as normas complementares que versem, no todo ou em parte, sobre tributos e relações jurídicas a eles pertinentes.

no todo ou em parte, sobre tributos e relações jurídicas a eles pertinentes.

Outrossim, o art. 97 do CTN, veiculador do princípio da estrita legalidade tributária, não destaca, de forma especial, o tempo do pagamento, o que supõe não estar este item albergado pelo referido princípio. Portanto, o prazo de recolhimento do tributo não constitui elemento da hipótese de incidência.

O STF e o STJ já julgaram a matéria dispondo, de forma expressa, que o prazo de vencimento do tributo não está sob a reserva de lei em sentido formal.[48] Neste sentido, a jurisprudência já decidiu que, se não estipulado em lei, o prazo para recolhimento do tributo pode ser fixado em regulamento, porquanto não se inclui entre as matérias sujeitas à reserva legal (art. 97 do CTN);[49] que a definição de prazo para recolhimento do tributo não implica sua majoração, podendo ser delegada pela lei ao regulamento, porquanto não se inclui entre as matérias sujeitas à reserva legal pelo art. 97 do CTN.[50] Entretanto, havendo lei definindo o prazo de recolhimento do tributo, ato normativo infralegal não pode alterá-lo.[51]

Por fim, a legislação tributária pode conceder desconto pela antecipação do pagamento, nas condições que estabelecer. Isto ocorre, por exemplo, com o IPTU, no pagamento parcelado, quando a lei concede crédito pelo pagamento antecipado, ou quando a Administração Fazendária lavra auto de infração e concede desconto no valor da multa pelo pagamento antecipado.[52]

---

[48] RE 140.669, Rel. Min. Ilmar Galvão, 2.12.98. BI – STF 134. IPI: Fixação do Prazo para Recolhimento. Concluído o julgamento de recurso extraordinário interposto pela União Federal contra acórdão do TRF da 5ª Região, que declarara a inconstitucionalidade da Portaria 266/88, do Ministro de Estado da Fazenda, que estabelecia o prazo para o recolhimento do imposto sobre produtos industrializados – IPI. O Tribunal, por maioria, conheceu do recurso e lhe deu provimento, declarando a constitucionalidade do art. 66 da Lei 7.450/85 que atribuiu ao Ministro da Fazenda competência para expedir portaria fixando o referido prazo, ao fundamento de que a fixação de prazo para recolhimento do tributo não é matéria reservada à lei. Vencidos os Ministros Marco Aurélio, Sepúlveda Pertence e Carlos Velloso, por entenderem que a disciplina sobre prazo de recolhimento de tributos sujeita-se à competência legislativa do Congresso Nacional.

[49] STJ – RESP 70640. Órgão Julgador: SEGUNDA TURMA. Data da decisão: 18/11/1996. Relator(a) ANTONIO DE PADUA RIBEIRO.

[50] STJ – RESP 50701. Órgão Julgador: SEGUNDA TURMA. Data da decisão: 23/11/1994. Relator(a) ANTONIO DE PADUA RIBEIRO.

[51] STJ – RESP 32968. Órgão Julgador: PRIMEIRA TURMA. Data da decisão: 14/09/1994. Relator(a) MILTON LUIZ PEREIRA. (...)1. Fixado em lei o prazo para recolhimento do tributo (Lei 4.502/64 e Dec. Lei 326/67), não pode ser modificado por disposição de hierarquia inferior e meramente complementar (Portaria MF-266/88)(...).

[52] ROSA JUNIOR, Luiz Emygdio Franco da. Op. cit., p. 583.

Extinção do Crédito Tributário

2.8. Juros de mora

Art. 161. O crédito não integralmente pago no vencimento é acrescido de juros de mora, seja qual for o motivo determinante da falta, sem prejuízo da imposição das penalidades cabíveis e da aplicação de quaisquer medidas de garantia previstas nesta lei ou em lei tributária.

No Direito Privado, o art. 406 do CC estipula que, quando não convencionados ou estipulados, ou quando provierem de determinação legal, os juros serão fixados segundo a taxa vigente para a mora do pagamento de tributos à Fazenda Pública.

Assemelhando-se ao Direito Privado (art. 397 do CC), a mora no Direito Tributário se configura de pleno direito, não dependendo de interpelação. Quanto ao termo inicial dos juros, o Direito Tributário se afasta do regime geral dos arts. 219[53] e 293,[54] ambos do CPC, pois se conta da data do vencimento do tributo.

As multas, conforme já estudado, têm caráter punitivo e são impostas para desencorajar o inadimplemento do contribuinte em relação às obrigações tributárias. Já os juros de mora visam a indenizar o credor pelo não recebimento do tributo na data prevista em lei, conforme afirma Luiz Emygdio,[55] tendo em vista que o art. 161 se refere a eles de forma separada das penalidades. Esta ponderação é questionável, pois se percebe que o artigo em comento teve a finalidade de segregar as penalidades dos juros de mora, não atribuindo a estes, pelo menos expressamente, caráter indenizatório.

Sacha Calmon[56] segue por outra via, asseverando que em Direito Tributário os juros de mora têm natureza jurídica compensatória, pois se a Fazenda Pública tivesse o dinheiro em mãos já poderia tê-lo aplicado em ganhos financeiros ou quitado dívidas suas em atraso, livrando-se ela da mora e de suas consequências.

Sabe-se que os juros são de três espécies: indenizatórios, remuneratórios e moratórios. Os juros indenizatórios, também chamados de compensatórios, como o próprio nome sugere, são compensação pelo uso de um bem econômico qualquer. Os juros remuneratórios são a remuneração do dinheiro. Recompensa aquele que abre mão do seu

---

[53] Art. 219. A citação válida torna prevento o juízo, induz litispendência e faz litigiosa a coisa; e, ainda quando ordenada por juiz incompetente, constitui em mora o devedor e interrompe a prescrição.

[54] Art. 293. Os pedidos são interpretados restritivamente, compreendendo-se, entretanto, no principal os juros legais.

[55] ROSA JUNIOR, Op. cit., p. 583.

[56] COELHO, Op. cit., p. 821.

ativo líquido. É, em outras palavras, o pagamento pelo uso do dinheiro. Os juros moratórios, que são devidos pelo atraso no pagamento de uma obrigação, constituem uma espécie de complemento indenizatório, e agem como forma de apenar o devedor impontual.

Os juros não se confundem, portanto, com a correção monetária, ou com a multa punitiva. A multa tem como pressuposto a prática de um ilícito, o descumprimento de um dever legal, contratual ou estatutário. É de índole punitiva. Portanto, não objetiva a recompor o patrimônio danificado, pois esta é a função dos juros.[57]

2.9. Taxa de juros

Art. 161 (...)

§ 1º. Se a lei não dispuser de modo diverso, os juros de mora são calculados à taxa de um por cento ao mês.

Conforme o § 2º do art. 97 do CTN,[58] a correção monetária do tributo não é penalidade, mas atualização do valor da moeda corroído pela inflação. Embora o art. 161 silencie a seu respeito, ela não é um *plus* ao valor devido, mas visa a evitar o enriquecimento sem causa do credor tributário.

O STF[59] e o STJ[60] já decidiram que a disciplina da atualização do tributo está compreendida na previsão do inciso I do art. 24 da CF/88, demandando lei do ente político competente para instituir o tributo, desde que o fator de correção adotado seja igual ou inferior ao utilizado pela União.[61]

---

[57] STJ – ERESP 162914 Órgão Julgador: PRIMEIRA SEÇÃO Data da decisão: 13/10/1999 Relator(a) HUMBERTO GOMES DE BARROS. Excertos do voto da Ministra Eliana Calmon, que forma transcritos de forma livre e indireta, tendo em vista o seu caráter didático e pedagógico.

[58] Art. 97, § 2º. Não constitui majoração de tributo, para fins do disposto no inciso II deste artigo, a atualização do valor monetário da respectiva base de cálculo.

[59] STF – RE 191091 AgR Relator(a): Min. MARCO AURÉLIO. Julgamento: 06/08/1996. Órgão Julgador: Segunda Turma. A disciplina da atualização dos tributos está compreendida na previsão do inciso I do artigo 24 da Constituição Federal, cabendo, concorrentemente, à União, aos Estados e ao Distrito Federal.

[60] STJ – RESP 97725. Órgão Julgador: PRIMEIRA TURMA. Data da decisão: 21/05/1998. Relator(a) GARCIA VIEIRA. ICMS – correção monetária – TR – IPC – honorários de advogado – inversão – redução. Podem os estados, através de lei ou de convênio, estabelecer a forma e a oportunidade de atualização de seus créditos tributários. A TR não é índice de correção monetária. Não havendo pedido de redução da verba honorária, não pode o tribunal reduzi-la de ofício. Recursos providos.

[61] AÇÃO DIRETA DE INCONSTITUCIONALIDADE. ARTIGO 113 DA LEI N. 6.374, DE 1º DE MARÇO DE 1.989, DO ESTADO DE SÃO PAULO. CRIAÇÃO DA UNIDADE FISCAL DO ES-

Outrossim, o STF já consolidou a tese de que o termo inicial da contagem dos juros, sem se referir à competência tributária de cada ente para definir a taxa de juros, tem relevância infraconstitucional, não sendo objeto do procedimento de repercussão geral nesta corte. Resta pendente, assim, o tema relativo à competência dos entes federativos para legislarem sobre a definição da taxa de juros.[62]

Na esfera federal, a matéria tem íntima correlação com a "TAXA SELIC", instituída pela Resolução nº 1.124/86, do Banco Central do Brasil, significando "Sistema Especial de Liquidação e de Custódia". Esta taxa visa a premiar o capital investido pelo tomador de títulos da dívida pública federal, sendo calculada diariamente pelo Banco Central do Brasil de acordo com o resultado das negociações dos títulos públicos e da variação dos seus valores de mercado, que são publicados diariamente. Posteriormente, estendeu-se a aplicação da TAXA SELIC para a remuneração dos títulos municipais e estaduais, através das Leis nos 8.981/95[63] e 9.065/95.[64]

TADO DE SÃO PAULO – UFESP. ATUALIZAÇÃO MONETÁRIA PELO ÍNDICE DE PREÇO AO CONSUMIDOR – IPC. UNIDADE FISCAL DO ESTADO DE SÃO PAULO COMO FATOR DE ATUALIZAÇÃO DOS CRÉDITOS TRIBUTÁRIOS. ARTIGO 24, INCISO I, DA CONSTITUI-ÇÃO DO BRASIL. INCONSTITUCIONALIDADE PARCIAL. INTERPRETAÇÃO CONFORME À CONSTITUIÇÃO. 1. Esta Corte, em oportunidades anteriores, firmou o entendimento de que, embora os Estados-membros sejam incompetentes para fixar índices de correção monetária superiores aos fixados pela União para o mesmo fim, podem defini-los em patamares inferiores – incentivo fiscal. Precedentes. 2. A competência dos Estados-membros para fixar índices de correção monetária de créditos fiscais é tema que também foi examinado por este Tribunal. A União e Estados-membros detêm competência legislativa concorrente para dispor sobre matéria financeira, nos termos do disposto no artigo 24, inciso I, da CB/88. 3. A legislação paulista é compatível com a Constituição de 1988, desde que o fator de correção adotado pelo Estado-membro seja igual ou inferior ao utilizado pela União. 4. Pedido julgado parcialmente procedente para conferir interpretação conforme ao artigo 113 da Lei n. 6.374/89 do Estado de São Paulo, de modo que o valor da UFESP não exceda o valor do índice de correção dos tributos federais.(ADI 442, Relator(a): Min. EROS GRAU, Tribunal Pleno, julgado em 14/04/2010, DJe-096 DIVULG 27-05-2010 PUBLIC 28-05-2010 EMENT VOL-02403-01 PP-00013 RT v. 99, n. 900, 2010, p. 135-140)

[62] REPERCUSSÃO GERAL EM RE N. 596.492-RS. RELATORA: MIN. ELLEN GRACIE. TRIBU-TÁRIO. JUROS MORATÓRIOS. INCIDÊNCIA. TERMO INICIAL. DEFINIÇÃO. Aplicação dos efeitos da ausência de Repercussão Geral tendo em vista tratar-se de divergência solucionável pela aplicação da legislação federal. Inexistência de Repercussão Geral. (STF, Inf. 582)

[63] Art. 84. Os tributos e contribuições sociais arrecadados pela Secretaria da Receita Federal, cujos fatos geradores vierem a ocorrer a partir de 1º de janeiro de 1995, não pagos nos prazos previstos na legislação tributária serão acrescidos de: I – juros de mora, equivalentes à taxa média mensal de captação do Tesouro Nacional relativa à Dívida Mobiliária Federal Interna;

(...) § 4º Os juros de mora de que trata o inciso I, deste artigo, serão aplicados também as contribuições sociais arrecadadas pelo INSS e aos débitos para com o patrimônio imobiliário, quando não recolhidos nos prazos previstos na legislação específica.

[64] Art. 13. A partir de 1º de abril de 1995, os juros de que tratam a alínea c do parágrafo único do art. 14 da Lei nº 8.847, de 28 de janeiro de 1994, e pelo art. 90 da Lei nº 8.981, de 1995, o art. 84, inciso I, e o art. 91, parágrafo único, alínea a.2, da Lei nº 8.981, de 1995, serão equivalentes à taxa referencial do Sistema Especial de Liquidação e de Custódia – SELIC para títulos federais acumulada mensalmente.

A Lei nº 9.430/96, art. 61, § 3º, através de remissão ao seu art. 5º, também determinou a aplicação da taxa SELIC sobre os débitos federais não pagos no vencimento decorrentes de tributos administrados pela SRF, atual RFB, cujos fatos geradores ocorressem a partir de 1º de janeiro de 1997.[65]

O fato é que na repetição de indébito ou na compensação, com o advento da Lei nº 9.250/95, a partir de 1º de janeiro de 1996, os juros de mora passaram a ser devidos pela taxa SELIC a partir do recolhimento indevido, não mais tendo aplicação o art. 161 c/c o parágrafo único do art. 167 do CTN.

Esta postura já foi consagrada pela Primeira Seção do STJ, com o julgamento dos Embargos de Divergência em Recurso Especial 291.257/SC, 399.497/SC e 425.709/SC, pelo que a discussão sobre a natureza jurídica dos juros de mora em Direito Tributário perdeu objeto.

Deve-se ressaltar que a taxa SELIC é composta de taxa de juros e taxa de correção monetária, não podendo ser cumulada com qualquer outro índice de juros ou correção monetária, ainda que após o trânsito em julgado, pois assim ocorreria *bis in idem*.

Por isto, conforme Sacha Calmon, os juros devem ter seu valor conformados ao mercado, compensando a indisponibilidade do numerário pela Fazenda Pública. Assim, os juros de mora acrescem ao principal da dívida tributária, ou seja, o tributo, podendo ainda ser cumulados com as multas fiscais. Neste sentido é a Súmula nº 209 do antigo TFR.[66]

Em agosto de 2001, a Medida Provisória nº 2.180-35, dentre outros acréscimos e alterações, inseriu na Lei nº 9.494/97 o artigo 1º-F.[67] A matéria estava assim assentada até a edição da Lei nº 11.960, de 29 de junho de 2009, que resultou da sanção do projeto de conversão da MP nº 457/09, a qual alterou a redação antes imposta pela MP nº 2.180-35/01 ao artigo 1º-F da Lei nº 9.494/97, de forma que, agora, o referido artigo passou a ter a seguinte redação:

Artigo 1º-F. Nas condenações impostas à Fazenda Pública, independentemente de sua natureza e para fins de atualização monetária, remuneração do capital e com-

---

[65] PAULSEN, Leandro. *Direito Tributário*: Constituição e Código Tributário à Luz da Doutrina e da Jurisprudência. 6. ed. Porto Alegre: Livraria do Advogado/ESMAFE, 2004, p. 757.

[66] Súmula 209. Nas execuções fiscais da Fazenda Nacional, é legítima a cobrança cumulativa de juros de mora e multa moratória.

[67] Os juros de mora, nas condenações impostas à Fazenda Pública para pagamento de verbas remuneratórias devidas a servidores e empregados públicos, não poderão ultrapassar o percentual de seis por cento ao ano.

Extinção do Crédito Tributário

pensação da mora, haverá a incidência uma única vez, até o efetivo pagamento, dos índices oficiais de remuneração básica e juros aplicados à caderneta de poupança.

Muito embora tenham havido acirradas discussões acerca da inconstitucionalidade da referida Medida Provisória, por se tratar de mais um privilégio usufruído pela Fazenda Pública, prevaleceu nos tribunais pátrios o entendimento de que os juros de mora, tratando-se de condenações impostas à Fazenda Pública e para pagamento de verbas remuneratórias devidas a servidores e empregados públicos, não poderiam ultrapassar o percentual de 6% ao ano.

Assim, também na compensação da mora serão utilizados os índices oficiais de remuneração básica e juros aplicados à caderneta de poupança, cujos fatores de correção pretendem manter o valor do dinheiro no tempo, protegendo o capital da inflação, diferenciando-se da incidência propriamente dita dos juros de mora, que são aplicados exatamente em razão da demora no pagamento, como uma penalização àquele que não pagou ao tempo e modo corretos.

Vê-se que pretendeu o legislador aplicar os juros de mora no percentual de 0,5% ao mês a todas as condenações impostas à Fazenda Pública, incidindo sobre quaisquer condenações, sejam elas de natureza civil, trabalhista ou tributária.

Em matéria tributária, esta pretensão legislativa tem duvidosa legalidade por haver regra específica no CTN (art. 161), bem como para que não se descumpra o princípio da isonomia. Prevendo a legislação tributária federal, *v.g.*, a atualização do débito tributário pela taxa SELIC, por uma questão de paridade, a repetição do indébito deve seguir a mesma regra, afastando-se a aplicação da novel legislação. Deve-se ponderar, ainda, que a cláusula "seja qual for o motivo determinante da falta" deve ser entendida em termos, pois o CTN alberga a equidade na interpretação das leis,[68] conforme inciso IV do art. 108 do CTN.[69]

Questão interessante é a incidência ou não de juros de mora, na forma do art. 161, enquanto o contribuinte esteve amparado por sentença ou decisão judicial que tenha sido posteriormente reformada ou revogada. O STF, através do verbete da Súmula nº 405,[70] já decidiu que denegada a segurança ou revogada a liminar em mandado de segurança, os efeitos retroagem *ex tunc*, ou seja, como se não tivesse

---

[68] BALEEIRO, Op. cit., 867.

[69] Art. 108. Na ausência de disposição expressa, a autoridade competente para aplicar a legislação tributária utilizará sucessivamente, na ordem indicada: (...) IV – a eqüidade.

[70] Denegado o mandado de segurança pela sentença, ou no julgamento do agravo, dela interposto, fica sem efeito a liminar concedida, retroagindo os efeitos da decisão contrária.

existido a decisão judicial. Outros tribunais superiores também têm adotado o mesmo entendimento.[71][72] Deve-se ressaltar que a Súmula n° 405 deve ser interpretada no sentido de abarcar todas as tutelas de urgência, a saber: a antecipação dos efeitos da tutela, a liminar em ação cautelar e a liminar em mandado de segurança.

Sobre a taxa SELIC, o STJ tem decidido de forma reiterada, consolidando a jurisprudência sobre a matéria, inclusive através de análise de recurso repetitivo,[73][74] na forma do art. 543-C do CPC.

---

[71] STJ – RESP – 586883 – 200301308569 UF: MG Órgão Julgador: PRIMEIRA TURMA – Data da decisão: 09/03/2004 – DJ DATA:28/04/2004 – Relator(a) TEORI ALBINO ZAVASCKI. PROCESSUAL CIVIL. TRIBUTÁRIO. CPMF. CASSAÇÃO DE LIMINAR QUE SUSPENDIA A COBRANÇA DO TRIBUTO, EM RAZÃO DE DECISÃO DO STF RECONHECENDO A CONSTITUCIONALIDADE DA EC 21/99. MP 2.037/00. RETENÇÃO E RECOLHIMENTO DOS VALORES DEVIDOS. JUROS (TAXA SELIC) E MULTA. 1. Os efeitos da revogação de medida liminar devem ser suportados por quem a requereu, produzindo efeitos *ex tunc*, isto é, impondo à parte beneficiada pela liminar o ônus de recompor o status quo anterior ao deferimento da medida. 2. No caso concreto, a reconstituição do *status quo* se efetiva pelo pagamento do tributo cujos fatos geradores ocorreram durante a vigência da liminar, atualizado monetariamente e acrescido de juros de mora. 3. A multa prevista no art. 2°, II, da IN 89/00 da SRF é devida porque o contribuinte não efetuou o pagamento do tributo, corrigido monetariamente e acrescido de juros, dentro dos trinta dias seguintes à cessação da eficácia da medida liminar, conforme previsto no art. 63, § 2°, da Lei 9.430/96. 4. Recurso especial provido.

[72] TRF – PRIMEIRA REGIÃO – AMS 01325466. Órgão Julgador: QUARTA TURMA. Data da decisão: 04/12/2000. Relator(a) JUIZ I'TALO MENDES. (...)3. Denegado o mandado de segurança pela sentença, ou no julgamento do agravo, dela interposto, fica sem efeito a liminar concedida, retroagindo os efeitos da decisão contrária" (Súmula 405 do STF). 4. Na exigibilidade de crédito fiscal, suspensa por liminar cassada, incide correção monetária e os juros de mora, a partir do vencimento do débito (...).

[73] REsp 1.111.175-SP, Rel. Min. Denise Arruda, julgado em 10/6/2009 (ver Informativo n. 394). RECURSO REPETITIVO. TAXA SELIC. REPETIÇÃO. INDÉBITO. A Seção, ao julgar recurso representativo de controvérsia (art. 543-C do CPC e Resolução n. 8/2008-STJ) reiterou aplicar-se a taxa Selic a partir de 1°/1/1996 (vigência da Lei n. 9.250/1995) na atualização monetária do indébito tributário, não podendo a Taxa Selic ser acumulada com outro índice, já que o seu cálculo abrange, além dos juros, a inflação do período. Observou-se, também, que, se os pagamentos forem efetuados após 1°/1/1996, o termo inicial para a incidência da Taxa Selic será a data do pagamento indevido. No entanto, se houver pagamentos anteriores à data da vigência da mencionada lei, a Taxa Selic terá como termo inicial da data de 1°/1/1996. Precedentes citados: EREsp 291.257-SC, DJ 6/9/2004; EREsp 399.497-SC, DJ 7/3/2005; EREsp 425.709-SP, DJ 7/3/2005; REsp 431.755-RS, DJ 5/3/2004; REsp 462.710-PR, DJ 9/6/2003; REsp 397.556-RJ, DJ 15/12/2003, e REsp 524.143-MG, DJ 15/9/2003. REsp 1.111.175-SP, Rel. Min. Denise Arruda, julgado em 10/6/2009.

[74] REsp 1.111.189-SP, Rel. Min. Teori Albino Zavascki, julgado em 13/5/2009. RECURSO REPETITIVO. TRIBUTO ESTADUAL. REPETIÇÃO. INDÉBITO. TAXA SELIC. A Seção, ao apreciar o REsp como recurso repetitivo (Res. n. 8/2008-STJ e art. 543-C do CPC), deu a ele provimento e reiterou que, relativamente a tributos federais, a sua jurisprudência está assentada no seguinte entendimento: na restituição de tributos, seja por repetição em pecúnia seja por compensação, são devidos juros de mora a partir do trânsito em julgado, nos termos do art. 167, parágrafo único, do CTN e da Súm. n. 188-STJ, sendo que os juros de 1% ao mês incidem sobre os valores reconhecidos em sentenças cujo trânsito em julgado ocorreu em data anterior a 1°/1/1996. A partir de então, passou a ser aplicável apenas a taxa Selic, instituída pela Lei n. 9.250/1995, desde cada recolhimento indevido. Relativamente a tributos estaduais ou municipais, a matéria continua submetida ao princípio geral adotado pelo STF e pelo STJ, segundo o qual, em

2.10. Processo de consulta

Art. 161 (...)

§ 2º. O disposto neste artigo não se aplica na pendência de consulta formulada pelo de vedor dentro do prazo legal para pagamento do crédito.

A exclusão dos juros de mora e da multa ocorrerá ainda que a consulta não seja respondida pela Administração antes do término do prazo para o pagamento do tributo. Outrossim, a consulta não suspende a exigibilidade do crédito tributário, não suspendendo, por consequência lógica, o prazo de decadência.[75] [76]

Para que não ocorra a caducidade do crédito tributário, deve a Fazenda Pública efetivar o lançamento tributário, o que ocorrerá sem aplicação de penalidades (multa) ou juros de mora, por analogia com o art. 63 da Lei nº 9.430/96, na esfera federal. Na Receita Federal do Brasil, a matéria era regulada pelos artigos 46 a 52 do Decreto nº 70.235/72 e hoje é tratada pelo Decreto nº 7.574, de 29 de setembro de 2011, o qual veio a regulamentar o processo de determinação e exigência de créditos tributários da União, o processo de consulta sobre a aplicação da legislação tributária federal e deles processos sobre matérias administradas pela Secretaria da Receita Federal do Brasil.

---

face da lacuna do art. 167, parágrafo único, do CTN, a taxa dos juros de mora na repetição de indébito deve, por analogia e isonomia, ser igual à que incide sobre os correspondentes débitos tributários estaduais ou municipais pagos com atraso. E a taxa de juros incidente sobre esses débitos deve ser de 1% ao mês, a não ser que o legislador, utilizando a reserva de competência prevista no § 1º do art. 161 do CTN, disponha de modo diverso. Nessa linha de entendimento, a jurisprudência deste Superior Tribunal considera incidente a taxa Selic na repetição de indébito de tributos estaduais a partir da data de vigência da lei estadual que prevê a incidência de tal encargo sobre o pagamento atrasado de seus tributos. No Estado de São Paulo, o art. 1º da Lei estadual n. 10.175/1998 prevê a aplicação da taxa Selic sobre impostos estaduais pagos com atraso, o que impõe a adoção da mesma taxa na repetição do indébito. Precedentes citados: EREsp 399.497-SC, DJ 7/3/2005; EREsp 225.300-PR, DJ 28/1-/2003; EREsp 291.257-SC, DJ 6/9/2004 e EREsp 610.351-SP, DJ 1º/7/2005. REsp 1.111.189-SP, Rel. Min. Teori Albino Zavascki, julgado em 13/5/2009.

[75] TRIBUNAL – QUARTA REGIÃO. AMS Órgão Julgador: PRIMEIRA TURMA. Data da decisão: 10/02/1998. Relator(a) JUIZ FABIO ROSA. 1. De acordo com o ART-48 do DEC-70235/72, sendo a resposta desfavorável ao contribuinte consulente, o pagamento integral do débito deverá ser feito dentro do prazo de até 30 dias da ciência da decisão, apenas com a atualização monetária. (...).

[76] STJ – RESP 205126. Órgão Julgador: PRIMEIRA TURMA. Data da decisão: 18/04/2002. Relator(a) MILTON LUIZ PEREIRA. 1. Conquanto o CTN refira-se aos juros de mora (§ 2º, art. 161), avivado à sua natureza compensatória, feita e processada a consulta, não é aplicável a multa, incidindo apenas a correção monetária e mencionados juros. 2. Recurso sem provimento.

2.11. Forma do pagamento

Art. 162. O pagamento é efetuado:

I – em moeda corrente, cheque ou vale postal;

II – nos casos previstos em lei, em estampilha, em papel selado, ou por processo mecânico.

§ 1º A legislação tributária pode determinar as garantias exigidas para o pagamento por cheque ou vale postal, desde que não o torne impossível ou mais oneroso que o pagamento em moeda corrente.

§ 2º O crédito pago por cheque somente se considera extinto com o resgate deste pelo sacado.

§ 3º. O crédito pagável em estampilha considera-se extinto com a inutilização regular daquela, ressalvado o disposto no artigo 150.

§ 4º A perda ou destruição da estampilha, ou o erro no pagamento por esta modalidade, não dão direito a restituição, salvo nos casos expressamente previstos na legislação tributária, ou naquelas em que o erro seja imputável à autoridade administrativa.

§ 5º O pagamento em papel selado ou por processo mecânico equipara-se ao pagamento em estampilha.

O normal é o pagamento em moeda corrente e legal do país. Entretanto, a lei pode estabelecer forma alternativa de pagamento, desde que este novo modo de recolhimento não seja mais oneroso ao contribuinte que o uso da moeda.

O pagamento em estampilha, em papel selado, ou por processo mecânico não são utilizados mais. Hoje em dia, na grande maioria dos casos, o tributo é recolhido na rede arrecadadora formada pelas instituições financeiras, que são remuneradas pelo Poder Público para tal fim.

2.12. Imputação do pagamento

Art. 163. Existindo simultaneamente dois ou mais débitos vencidos do mesmo sujeito passivo para com a mesma pessoa jurídica de direito público, relativos ao mesmo ou a diferentes tributos ou provenientes de penalidade pecuniária ou juros de mora, a autoridade administrativa competente para receber o pagamento determinará a respectiva imputação, obedecidas as seguintes regras, na ordem em que enumeradas:

I – em primeiro lugar, aos débitos por obrigação própria, e em segundo lugar aos decorrentes de responsabilidade tributária;

II – primeiramente, às contribuições de melhoria, depois às taxas e por fim aos impostos;

III – na ordem crescente dos prazos de prescrição;

IV – na ordem decrescente dos montantes.

O art. 163 tem aplicação prática e concreta quando o crédito tributário é pago diretamente na repartição fiscal. Entretanto, normalmente este se dá na rede arrecadadora formada pelas instituições financeiras, através dos documentos de arrecadação, preenchidos com os códigos dos tributos para identificarem as receitas arrecadadas.

Podemos definir a imputação do pagamento como a escolha pelo credor, autorizada por lei, de qual débito será extinto, se o devedor tem mais de um deles.

Isto porque no regime do Direito Privado (art. 352 do CC), em regra, é o devedor quem tem o direito de indicar qual dívida quer quitar em primeiro lugar, se todas forem líquidas e vencidas. No sistema do CTN não se assegura tal direito ao contribuinte. Corroborando esta afirmação o STJ editou o verbete da súmula n° 464, com o seguinte teor: "A regra de imputação de pagamentos estabelecida no art. 354 do Código Civil não se aplica às hipóteses de compensação tributária".

A ordem de pagamento será feita na ordem de prioridades assentadas neste artigo. Isto pressupõe, em tese, o conhecimento integrado de todas as dívidas do contribuinte por todas as Fazendas Públicas, o que, na prática, não existe.

Os consectários legais seguem o principal, ou seja, o tributo. Assim, entende-se cada débito abarcando o tributo devido mais a correção monetária, os juros de mora e as penalidades, porventura existentes.

Portanto, a imputação de pagamento não é causa de extinção do crédito tributário, representando apenas a forma de processamento da modalidade extintiva, que é o pagamento. Daí por que, silenciando o Código Tributário sobre esse ponto específico, nada impede que a Administração expeça atos normativos que regulem o processamento da causa extintiva, pois a reserva de lei complementar (art. 146 da CRFB/88) não abrange essa matéria e o art. 97 do CTN não exige a edição de lei formal para tratar do tema.

Nos termos do art. 108 do CTN, a analogia só é aplicada na ausência de disposição expressa na legislação tributária. Por essa expressão, identificam-se não apenas as leis, tratados e decretos, mas, também, os atos normativos expedidos pela autoridade administrativa (arts. 96 e 100 do CTN). Dessa forma, não há lacuna na legislação tributária sobre o tema da imputação de pagamento, o qual, como dito, não é objeto de reserva legal.

A imputação de pagamento consagra o princípio da autonomia das dívidas tributárias, prevendo uma escala de preferência e, ao estabelecê-la, cabe ao credor comprovar a existência de débitos preferenciais capazes de desfazer a indicação do devedor. Com efeito, em tese, pode a Fazenda Pública recusar o oferecimento de pagamento pelo contribuinte que não obedeça à escolha de prioridades do dispositivo legal.

Neste caso, não procede a consignação do inciso I do art. 164 do CTN,[77] pois a imputação de pagamento é facultada ao Fisco previamente ao pagamento, nunca depois de este já ter sido implementado.[78] Os precedentes do STJ seguem esta direção.[79] [80]

---

[77] Art. 164. A importância de crédito tributário pode ser consignada judicialmente pelo sujeito passivo, nos casos: I – de recusa de recebimento, ou subordinação deste ao pagamento de outro tributo ou de penalidade, ou ao cumprimento de obrigação acessória.

[78] BALEEIRO, op. cit., p. 873.

[79] STJ – RESP – 1037560 – Órgão Julgador: SEGUNDA TURMA Data da decisão: 08/04/2008 DJE DATA:21/05/2008 Relator(a) CASTRO MEIRA. 1. "Se as normas que regulam a compensação tributária não prevêem a forma de imputação do pagamento, não se pode aplicar por analogia o art. 354 do CC/2002 (art. 993 do CC/1916) e não se pode concluir que houve lacuna legislativa, mas silêncio eloqüente do legislador que não quis aplicar à compensação de tributos indevidamente pagos as regras do Direito Privado. E a prova da assertiva é que o art. 374 do CC/2002, que determinava que a compensação das dívidas fiscais e parafiscais seria regida pelo disposto no Capítulo VII daquele diploma legal foi revogado pela Lei 10.677/2003, logo após a entrada em vigor do CC/2002" (REsp 987.943/SC, Rel. Min. Eliana Calmon, DJ 28.02.2008). 2. A imputação de pagamento não é causa de extinção do crédito tributário, representa apenas a forma de processamento da modalidade extintiva, que é o pagamento. Daí porque, silenciando o Código Tributário sobre esse ponto específico, nada impede que a Administração expeça atos normativos que regulem o processamento da causa extintiva. 3. O fato de, na seara tributária, a imputação vir regulamentada em atos normativos expedidos pela Secretaria da Receita Federal – IN's 21/97, 210/2002, 323/2003 e 600/2005 – não implica qualquer violação da ordem constitucional ou legal, uma vez que a reserva de lei complementar (art. 146 da CRFB/88) não abrange essa matéria e o art. 97 do CTN não exige a edição de lei formal para tratar do tema. 4. Nos termos do art. 108 do CTN, a analogia só é aplicada na ausência de disposição expressa na "legislação tributária". Por essa expressão, identificam-se não apenas as leis, tratados e decretos mas, também, os atos normativos expedidos pela autoridade administrativa (arts. 96 e 100 do CTN). Dessa forma, não há lacuna na legislação tributária sobre o tema imputação de pagamento, o qual, como dito, não é objeto de reserva legal. 5. Inexistência de ofensa aos arts. 354 do CC/2002 e 108 do CTN. 6. Recurso Especial não provido.

[80] STJ – RESP 462996. Órgão Julgador: SEGUNDA TURMA. Data da decisão: 02/03/2004. Relator(a) ELIANA CALMON. 1. A imputação de pagamento consagra o princípio da autonomia das dívidas tributárias, ao estabelecer uma escala de preferência. 2. Para estabelecer a preferência, cabe ao credor comprovar a existência de débitos preferenciais capazes de desfazer a indicação do devedor. 3. Imputação da FAZENDA, que não conseguiu afastar as indicações do executado, por ausência de prova quanto aos débitos anteriores aos indicados e pagos. 4. Recurso especial improvido.

Extinção do Crédito Tributário

Em direção contrária, com o que não concordamos, desponta Sacha Calmon,[81] aduzindo que a Fazenda Pública não pode imputar os pagamentos tributários do contribuinte diante dos princípios constitucionais do devido processo legal, da legalidade e da oficialidade dos atos administrativos. De acordo com o autor, tal excrescência foi posta no Código em nome do *Príncipe Medieval*, justo na disciplinação da obrigação, teoricamente um pacto entre iguais.

2.13. Pagamento em consignação

Art. 164. A importância de crédito tributário pode ser consignada judicialmente pelo sujeito passivo, nos casos:

I – de recusa de recebimento, ou subordinação deste ao pagamento de outro tributo ou de penalidade, ou ao cumprimento de obrigação acessória;

II – de subordinação do recebimento ao cumprimento de exigências administrativas sem fundamento legal;

III – de exigência, por mais de uma pessoa jurídica de direito público, de tributo idêntico sobre um mesmo fato gerador.

§ 1º A consignação só pode versar sobre o crédito que o consignante se propõe a pagar.

§ 2º Julgada procedente a consignação, o pagamento se reputa efetuado e a importância consignada é convertida em renda; julgada improcedente a consignação no todo ou em parte, cobra-se o crédito acrescido de juros de mora, sem prejuízo das penalidades cabíveis.

O artigo trata da consignação judicial do crédito tributário como modalidade excepcional de pagamento e, portanto, extinção da dívida tributária. O Direito Privado regulamenta a matéria nos artigos 334 a 345 do CC, hipóteses nem sempre coincidentes com o sistema do CTN.

Entretanto, é o CPC quem vai determinar os aspectos processuais desta modalidade excepcional de pagamento no Direito Tributário, no bojo dos seus artigos 890 a 900. A consignação judicial consiste no depósito judicial do objeto da obrigação por parte do devedor. Fundamenta-se no pressuposto de que, se o credor tem o direito de receber o crédito tributário, o devedor também tem o direito subjetivo de pagar seu debito tributário, liberando-se da obrigação instaurada na relação jurídico-tributária, nos casos estabelecidos no dispositivo apreciado.

---

[81] COELHO, op. cit., p. 827.

Daí se infere que o contribuinte, o responsável ou terceiro interessado, no silêncio do CTN,[82] possam consignar o pagamento. Corrobora o afirmado o parágrafo único do art. 204 do CTN,[83] que contempla e acolhe a possibilidade de o terceiro interessado ilidir a presunção *iuris tantum* de liquidez e certeza da dívida ativa do Fisco quando regularmente inscrita.

Ressalte-se que isto não significa afirmar que a Administração Fazendária não possa fazer a imputação do pagamento, na forma do art. 163 do CTN, pois esta não pode compeli-lo a pagar todos os tributos e acréscimos legais por ele devidos.[84] Sacha Calmon,[85] conforme antes demonstrado, discorda desta postura, afirmando que o art. 164 contraria o art. 163.

A consignação em pagamento somente cabe nas hipóteses legalmente previstas. Portanto, será feita sempre em juízo, e nunca na via administrativa. Bernardo Ribeiro de Moraes[86] assevera que o depósito deve ser integral para se caracterizar um pagamento válido. Portanto, só teria efeito de pagamento, produzindo os mesmos efeitos deste e liberando o devedor, se reunisse as condições de validade do pagamento.

Destarte, resta perquirir, na forma do § 1º, se cabe nesta via estreita a possibilidade de discussão do montante devido. Conforme asseverado, além de Bernardo Ribeiro de Moraes, Cleide Previtalli Cais[87] e

---

[82] BALEEIRO, op. cit., p. 875.

[83] Art. 204. A dívida regularmente inscrita goza da presunção de certeza e liquidez e tem o efeito de prova pré-constituída.
Parágrafo único. A presunção a que se refere este artigo é relativa e pode ser ilidida por prova inequívoca, a cargo do sujeito passivo ou do terceiro a que aproveite.

[84] TRIBUNAL – QUARTA REGIÃO. Classe: AC – APELAÇÃO CÍVEL. Processo: 9604401602 UF: PR Órgão Julgador: PRIMEIRA TURMA. Data da decisão: 10/02/1998. Relator(a) JUIZ FABIO ROSA. 1. A imputação do pagamento é a escolha do débito a ser extinto, se o devedor tem mais de um deles. A autoridade administrativa competente para receber o pagamento é que determinará ex officio a imputação segundo as regras do artigo 163 do CTN, podendo subordinar o pagamento do crédito tributário à satisfação simultânea de outro crédito. 2. A pretensão das impetrantes é a de acrescer, na escala legal de imputações, uma nova modalidade, em afronta ao texto legal, o qual confere apenas à autoridade administrativa o poder de determinar a respectiva imputação. 3. O art. 9º, § 6º, da Lei 6.830/80, ao mesmo tempo em que permite ao executado pagar o valor que entenda incontroverso, exige que garanta a execução do saldo devedor, não havendo, assim, a amplitude pretendida pelo contribuinte em efetuar pagamento da parte que entende como incontroversa, fora do âmbito da execução. Tal faculdade beneficia apenas aqueles cuja dívida está sendo exigida judicialmente. 4. Apelação improvida.

[85] COELHO, op. cit., p. 832.

[86] MORAES, op. cit., p. 449.

[87] CAIS, Cleide Previtalli. *O processo Tributário*. São Paulo: RT, 1996, p. 243.

Extinção do Crédito Tributário

Leandro Paulsen[88] não admitem a discussão do montante devido, tese com a qual nos alinhamos, pois tal hipótese não consta dos incisos do art. 164. Além disso, para estes autores, se consignado montante diferente daquele exigido pelo Fisco não ocorrerão os efeitos do inciso II do art. 151 do CTN, conforme o verbete da súmula n° 112 do STJ. Os precedentes do STJ seguem esta direção.[89]

Já se decidiu que não recolhido, a tempo e modo, o crédito tributário, pretendendo o contribuinte excluir parcelas registradas no auto de infração e multa, com a pretensão de discutir a validade da dívida fiscal, para liberar-se da obrigação de pagamento, a consignatória é via processual inadequada.[90]

Também já foi decidido que, não sendo a intenção do devedor a de pagar o tributo no montante que entende devido, mas sim a de obter moratória, por meio de parcelamento em 240 meses, é inviável a utilização da via consignatória, que não se presta à obtenção de provimento constitutivo, modificador de um dos elementos conformadores da obrigação (prazo).[91]

Por outro giro, Mauro Lopes[92] aduz que em face da redação do inciso I do art. 164 caberia a discussão da dívida, tendo em vista que qualquer que seja o motivo da recusa ensejará a ação estudada. Existe precedente do STJ neste sentido, explicitando que não há qualquer vedação legal a que o contribuinte lance mão da ação consignatória para

---

[88] PAULSEN, op. cit., 766.

[89] STJ – RESP 480404. Órgão Julgador: PRIMEIRA TURMA. Data da decisão: 20/11/2003. Relator(a) LUIZ FUX. 1. A consignação em pagamento e a dação obedecem ao princípio estrito da legalidade, por isso que não se enquadrando nas hipóteses legalmente previstas, não há extinção do crédito tributário. Deveras, como conseqüência, a regra é a quitação específica da exação. 2. A ação consignatória julgada procedente extingue o crédito tributário, e é levada a efeito através do depósito da quantia apta à satisfação do débito respectivo. Seu êxito reclama o adimplemento da obrigação tributária na forma da lei para o pagamento dos tributos em geral. 3. O débito tributário deve, necessariamente, ser pago "em moeda ou cujo valor nela se possa exprimir". A dação em pagamento, para o fim de quitação de obrigação tributária, só é aceita em hipóteses elencadas legalmente. 4. Não se pode proceder a encontro de contas se o crédito com que se pretende quitar o débito não é oponível ao titular do crédito que se deve adimplir; vale dizer, créditos de TDA's em confronto com débito municipal. 5. Na ação de consignação em pagamento o credor não pode ser compelido a receber coisa diversa do objeto da obrigação. Em se tratando de dívida tributária, indisponível à Autoridade Fazendária, não há como se admitir a dação em pagamento por via de título da dívida pública, se este procedimento escapa à estrita legalidade. 6. Recurso Especial parcialmente conhecido e, nessa parte, desprovido.

[90] STJ – RESP 10884. Órgão Julgador: PRIMEIRA TURMA. Data da decisão: 31/08/1994. Relator(a) MILTON LUIZ PEREIRA.

[91] STJ – RESP 600469. Órgão Julgador: PRIMEIRA TURMA. Data da decisão: 06/05/2004. Relator(a) TEORI ALBINO ZAVASCKI.

[92] LOPES, Mauro Luís Rocha. Execução Fiscal e Ações Judiciais Tributárias. 2.ed. Rio de Janeiro: Lumen Júris, 2003, p. 123.

ver satisfeito o seu direito de pagar corretamente o tributo quando entende que o fisco está exigindo prestação maior que a devida.[93]

I – de recusa ou de recebimento, ou por subordinação deste ao pagamento de outro tributo ou de penalidade, ou ao cumprimento de obrigação acessória;

Essa hipótese dificilmente se verificará, principalmente no que tange aos tributos sujeitos a lançamento por homologação. Nestes, é o próprio contribuinte que toma a iniciativa de preencher as guias para pagamento, não havendo qualquer interferência da Fazenda. Limita-se o Fisco a verificar os recolhimentos e a efetuar eventual lançamento de ofício na hipótese de pagamento inferior ao devido.

O sujeito passivo tem direito de pagar só um tributo, mesmo que deva dois ou mais. Embora a autoridade administrativa tenha, por sua vez, o direito de fazer a imputação nos termos do art. 163, ela não pode compelir o sujeito passivo a pagar todos, com a ameaça de não receber nenhum.[94]

II – de subordinação do recebimento ao cumprimento de exigências administrativas sem fundamento legal;

Embora, *a contrario sensu*, pareça o artigo permitir que a autoridade possa fazer exigências com fundamento legal, no sentido de condicionar o recebimento do tributo, é preciso lembrar que o inciso anterior veda a recusa fundada na exigência de cumprimento de obrigação acessória, que, supõe-se, tenha fundamento legal.

---

[93] STJ – RESP 505460. Órgão Julgador: PRIMEIRA TURMA. Data da decisão: 03/02/2004. Relator(a) FRANCISCO FALCÃO. 1. O depósito em consignação é modo de extinção da obrigação, com força de pagamento, e a correspondente ação consignatória tem por finalidade ver atendido o direito – material – do devedor de liberar-se da obrigação e de obter quitação. Trata-se de ação eminentemente declaratória: declara-se que o depósito oferecido liberou o autor da respectiva obrigação. 2. Com a atual configuração do rito, a ação de consignação pode ter natureza dúplice, já que se presta, em certos casos, a outorgar tutela jurisdicional em favor do réu, a quem assegura não apenas a faculdade de levantar, em caso de insuficiência do depósito, a quantia oferecida, prosseguindo o processo pelas diferenças controvertidas (CPC, art. 899, § 1°), como também a de obter, em seu favor, título executivo pelo valor das referidas diferenças que vierem a ser reconhecidas na sentença (art. 899, § 2°). 3. Como em qualquer outro procedimento, também na ação consignatória o juiz está habilitado a exercer o seu poder-dever jurisdicional de investigar os fatos e aplicar o direito na medida necessária a fazer juízo sobre a existência ou o modo de ser da relação jurídica que lhe é submetida a decisão. Não há empecilho algum, muito pelo contrário, ao exercício, na ação de consignação, do controle de constitucionalidade das normas. 4. Não há qualquer vedação legal a que o contribuinte lance mão da ação consignatória para ver satisfeito o seu direito de pagar corretamente o tributo quando entende que o fisco está exigindo prestação maior que a devida. É possibilidade prevista no art. 164 do Código Tributário Nacional. Ao mencionar que "a consignação só pode versar sobre o crédito que o consignante se propõe a pagar", o § 1° daquele artigo deixa evidenciada a possibilidade de ação consignatória nos casos em que o contribuinte se propõe a pagar valor inferior ao exigido pelo fisco. Com efeito, exigir valor maior equivale a recusar o recebimento do tributo por valor menor.

[94] AMARO, op. cit., p. 371.

Extinção do Crédito Tributário

Restarão, assim, poucos motivos legais para que a autoridade recuse o pagamento, já que eles estarão limitados às formalidades legais inerentes ao pagamento, *v.g.*, local em que a obrigação deva ser satisfeita, cumprimento de eventual requisito legal para pagamento em cheque, modo de pagamento através de selo, entre outros.

III – de exigência, por mais de uma pessoa jurídica de direito público, de tributo idêntico sobre um mesmo fato gerador.

O dispositivo trata de invasão de competência. O texto ressalva ao contribuinte que, se dois Fiscos lhe estão exigindo tributo idêntico, isto é, ambos lhe estão exigindo tributo sobre a mesma causa jurídica (fato gerador), um deles lhe está cobrando indevidamente, pois, salvo autorização constitucional, não podem existir duas pessoas jurídicas titulares de um tributo cujo fato gerador seja o mesmo.

Neste caso, pode o contribuinte valer-se da consignação em juízo ou outra tutela jurisdicional, na qual o Judiciário decidirá se o tributo é devido e quem terá o direito de receber o crédito, para serem extintos a pretensão e o débito.[95] A legitimidade passiva será das Fazendas Públicas que estão exigindo do contribuinte o cumprimento da obrigação tributária.

O contribuinte deverá propor ação contra ambas perante a Justiça Federal, no caso de controvérsia entre os Estados e a União, que, por ordem do art. 109 da CF[96] é competente para processar e julgar, originariamente, causas em que a segunda for ré, prevalecendo sobre as normas de competência em relação à Fazenda Estadual. Nesse sentido, ademais, é expresso o art. 895 do CPC,[97] ao afirmar que, se ocorre dúvida sobre quem deva legitimamente receber o pagamento, o autor requererá o depósito e a citação dos que o disputam para provarem o seu direito.

Trata-se de conflito entre o contribuinte e a União e entre o contribuinte e o Estado Federado, já que ambos lhe exigem determinado crédito tributário, não estando configurada a aplicação da alínea *f* do art. 102 da CF/88, que atribui competência privativa ao STF para processar e julgar, originariamente, as causas e os conflitos entre a União

---

[95] NOGUEIRA, op. cit., p. 287.

[96] Art. 109. Aos juízes federais compete processar e julgar: I – as causas em que a União, entidade autárquica ou empresa pública federal forem interessadas na condição de autoras, rés, assistentes ou oponentes, exceto as de falência, as de acidentes de trabalho e as sujeitas à Justiça Eleitoral e à Justiça do Trabalho;

[97] Art. 895. Se ocorrer dúvida sobre quem deva legitimamente receber o pagamento, o autor requererá o depósito e a citação dos que o disputam para provarem o seu direito.

e os Estados, a União e o Distrito Federal, ou entre uns e outros, inclusive as respectivas entidades da administração indireta.[98]

Como exemplo, cite-se, ainda, a União Federal, exigindo o ITR, e o Município, exigindo o IPTU, tendo ambos como fato gerador a propriedade, o domínio útil ou a posse de bem imóvel (arts. 29[99] e 32,[100] ambos do CTN). Cite-se, também, quando há fornecimento de mercadoria com prestação de serviços, o Estado exigindo o ICMS, e o Município, o ISS.

Averbe-se posição minoritária de Sacha Calmon,[101] ao dispor que a controvérsia do inciso III só pode ocorrer entre Fazendas Públicas de ordens idênticas, como Estado *x* Estado, Município *x* Município, isto com base na parte do inciso que dispõe "tributo idêntico sobre um mesmo fato gerador", afastando a tese de tributos não idênticos sobre o mesmo fato gerador.

A consignação, no melhor sentir, só suspenderá a exigibilidade se for integral e em dinheiro, nos termos do verbete da Súmula 112[102] do STJ. Luciano Amaro[103] e Misabel Derzi[104] aduzem, de forma clara e concisa, que o depositante não quer pagar, quer discutir o questionado débito e, se vencedor, recobrar o depósito. Já o consignante não quer discutir o débito, quer pagá-lo.

Não obstante, aduz o autor que na pendência da ação de consignação, ainda que não tenha ocorrido o depósito integral, a exigibilidade do crédito tributário fica suspensa, fato confirmado pelo § 2º,

---

[98] CAIS, Cleide Previtalli, op. cit., p. 246.

[99] Art. 29. O imposto, de competência da União, sobre a propriedade territorial rural tem como fato gerador a propriedade, o domínio útil ou a posse de imóvel por natureza, como definido na lei civil, localização fora da zona urbana do Município.

[100] Art. 32. O imposto, de competência dos Municípios, sobre a propriedade predial e territorial urbana tem como fato gerador a propriedade, o domínio útil ou a posse de bem imóvel por natureza ou por acessão física, como definido na lei civil, localizado na zona urbana do Município. § 1º Para os efeitos deste imposto, entende-se como zona urbana a definida em lei municipal; observado o requisito mínimo da existência de melhoramentos indicados em pelo menos 2 (dois) dos incisos seguintes, construídos ou mantidos pelo Poder Público: I – meio-fio ou calçamento, com canalização de águas pluviais; II – abastecimento de água; III – sistema de esgotos sanitários; IV – rede de iluminação pública, com ou sem posteamento para distribuição domiciliar; V – escola primária ou posto de saúde a uma distância máxima de 3 (três) quilômetros do imóvel considerado. § 2º A lei municipal pode considerar urbanas as áreas urbanizáveis, ou de expansão urbana, constantes de loteamentos aprovados pelos órgãos competentes, destinados à habitação, à indústria ou ao comércio, mesmo que localizados fora das zonas definidas nos termos do parágrafo anterior.

[101] COELHO, op. cit., 833.

[102] Súmula 112. O depósito somente suspende a exigibilidade do credito tributário se for integral e em dinheiro.

[103] AMARO, op. cit., p. 374.

[104] BALEEIRO, op. cit., p 876.

Extinção do Crédito Tributário

segunda parte, ao dizer que "julgada improcedente a consignação, o crédito é cobrável".

Fato é que poderá ocorrer a exigência de tributos distintos por Fazendas Públicas distintas e, consequentemente, com valores distintos, como por exemplo a cobrança de ICMS e ISS por Estado e Município. Neste caso, o valor integral é aquele cujo montante é o exigido pela Fazenda Pública que o contribuinte pretende consignar, ainda que seja menor que o outro cobrado pela outra Fazenda Pública, atribuindo-se nesta hipótese o efeito suspensivo a que alude a Súmula nº 112 do STJ.

Relevante citar que Aliomar Baleeiro[105] entende que não se aplicam penalidades quando houver decisão judicial autorizando a consignação. Vai além ao afirmar que se o numerário ficar na repartição bancária também não cabem os juros de mora. Já Misabel Derzi afirma que o prazo de vencimento do crédito tributário não impede o manejo da ação consignatória, só limitada pelos incisos do art. 164. As posições são coerentes e com elas nos alinhamos.

Concluindo a análise do § 2º, julgada procedente a ação de consignação com sentença transitada em julgado, a importância se converte em renda e extingue-se o crédito tributário, na forma do art. 156, inciso VIII c/c inciso X, do CTN. Transitada em julgado decisão judicial que considerou improcedente a consignação, a Fazenda Pública cobrará o crédito com juros de mora (art. 161) e as penalidades cabíveis (art. 164, § 2º).[106]

---

[105] BALEEIRO, op. cit., p. 875.

[106] STJ – RESP 474100. Órgão Julgador: PRIMEIRA TURMA. Data da decisão: 07/08/2003. Relator(a) LUIZ FUX. 1. O art. 151, II, do CTN exige para fins de suspensão da exigibilidade do crédito tributário, que o depósito efetuado seja integral e em dinheiro. Aplicação *in casu* da Súmula 112/STJ que dispõe: "O depósito somente suspende a exigibilidade do crédito tributário se for integral e em dinheiro". 2. A ratio essendi da Súmula, à luz do que dispõe a Lei baseia-se na constatação fática de que, em caso de improcedência dos pedidos formulados pelo contribuinte a conversão do depósito efetuado em renda a favor da entidade tributante cumpre a finalidade da ação de execução fiscal, e atende o princípio da economia processual. 3. Deveras, o pagamento de tributos por outras formas, que não em dinheiro, reclama autorização legislativa (art. 162, I e II, do CTN). 4. Precedentes. 5. Recurso especial parcialmente conhecido, e, nessa parte, provido.

3. Pagamento indevido

3.1. *Solve et repete*

Inicialmente, destaque-se que no direito brasileiro há muito já foi afastada a regra do *solve et repete*, ou seja, pague e depois discuta a legitimidade, legalidade e constitucionalidade do recolhimento. Tal brocardo, que tinha fundamento na executoriedade e presunção de legitimidade dos atos administrativos, já foi afastado pela doutrina e pela jurisprudência pátria, na medida em que foram disponibilizados meios jurisdicionais constitucionais para contestar exigências tributárias que violem a lei e/ou a Constituição, conforme o § 4º do art. 141 da CF/46, entendimento mantido em todas as constituições posteriores, ao assegurar expressamente que a lei não poderá excluir da apreciação do Poder Judiciário qualquer lesão de direito individual. Podemos citar, *v.g*, o mandado de segurança e a ação de repetição de indébito, entre outras, como meios adequados e hábeis à defesa do contribuinte.

3.2. Restituição do indébito tributário

Art. 165. O sujeito passivo tem direito, independentemente de prévio protesto, à restituição total ou parcial do tributo, seja qual for a modalidade do seu pagamento, ressalvado o disposto no § 4º do artigo 162, nos seguintes casos:

I – cobrança ou pagamento espontâneo de tributo indevido ou maior que o devido em face da legislação tributária aplicável, ou da natureza ou circunstâncias materiais do fato gerador efetivamente ocorrido;

II – erro na edificação do sujeito passivo, na determinação da alíquota aplicável, no cálculo do montante do débito ou na elaboração ou conferência de qualquer documento relativo ao pagamento;

III – reforma, anulação, revogação ou rescisão de decisão condenatória.

Extinção do Crédito Tributário

No Direito Privado, o pagamento indevido é tratado nos arts. 876 a 883, ambos do CC. Por se tratar de relação contratual, a matéria recebe influxo de princípios distintos do Direito Público. No Direito Tributário, a obrigação é *ex lege*, o que leva à compulsoriedade da prestação pecuniária tributária.

O contribuinte tem o direito de só pagar o tributo nas condições e nos limites estabelecidos em lei, respaldada na Constituição, pois a obrigação tributária corresponde a uma atividade administrativa plenamente vinculada, conforme o art. 3º do CTN.

Os artigos 165 a 168, todos do CTN, tratam da repetição do indébito, ou seja, do pedido de restituição do que foi pago indevidamente. No Direito Tributário, a restituição ocorre independentemente de prévio protesto, pois o pagamento é feito, conforme posto, *ex lege*, não havendo necessidade de se provar que se pagou por erro, conforme o art. 877 do CC. O fundamento do pedido será sempre a falta de causa jurídica para o pagamento.

A restituição abrange todo e qualquer pagamento em desconformidade com a lei e/ou a Constituição, ainda que tenhamos formas alternativas de pagamento, como o pagamento indireto, tal como a compensação, entre outras. Com efeito, as hipóteses de restituição previstas se referem a pagamentos com irregularidades tanto no aspecto substancial, como formal, no sentido de que pode estar relacionada a todos os aspectos da hipótese de incidência, a saber, aspectos material, temporal, espacial, pessoal e quantitativo. Concluindo, a ilegalidade que enseja a repetição ocorre por problema de subsunção do fato à norma. Já a inconstitucionalidade que enseja a repetição ocorre por violação da Constituição pela norma jurídica que institui ou cria o tributo.

3.3. Modalidades de repetição do indébito

Esta repetição pode ser feita na esfera administrativa, com base no princípio da moralidade administrativa e de acordo com a lei da entidade federativa que detém a competência tributária para instituir o tributo, ou judicial, quando, por exemplo, o contribuinte interpreta a norma de forma diversa daquela interpretação atribuída à Administração Fazendária.

A jurisprudência do STJ tem admitido que o contribuinte pode cumular, na ação repetitória, pedido alternativo de repetição (via precatório) ou de compensação, opção a ser implementada na fase de execução do julgado.[107] Não se requer, com base no art. 5º, inciso XXXV, da CF/88, o esgotamento da via administrativa para o ajuizamento da ação judicial de repetição do indébito, conforme já decidiu o STF.[108]

A confissão da dívida também não impede a ação repetitória, ainda que daquela decorra parcelamento tributário. A confissão de dívida pelo contribuinte é condição imprescindível para fins de obtenção do parcelamento de débitos tributários, tendo força vinculante em relação à situação de fato sobre a qual incide a norma tributária. Por isso que somente admite-se sua invalidação quando presente defeito causador de nulidade do ato jurídico.

Não obstante, é possível o questionamento judicial no tocante à relação jurídico-tributária, como, por exemplo, a legitimidade da norma instituidora do tributo. Isto porque a obrigação tributária exsurge

---

[107] PROCESSUAL CIVIL. TRIBUTÁRIO. ART. 535, CPC. AUSÊNCIA DE VIOLAÇÃO. IMPOSTO DE RENDA DE PESSOA FÍSICA – IRPF. REPETIÇÃO DE INDÉBITO POR VIA DE PRECATÓRIO OU COMPENSAÇÃO. FACULDADE DO CONTRIBUINTE. COMPATIBILIDADE COM A POSSIBILIDADE DE A FAZENDA NACIONAL EM SEDE DE EMBARGOS DEMONSTRAR A COMPENSAÇÃO. TEMAS JÁ JULGADOS NA FORMA DO ART. 543-C, CPC. 1. O acórdão da Corte de Origem examinou de forma suficiente o alegado, tendo examinado individualmente a situação de cada contribuinte e partido do pressuposto de que a demonstração de todos os pagamentos a título de imposto de renda feitos pelos contribuintes (quantum devido) pode ser realizada na fase de liquidação, havendo apenas, em sede de ação de repetição de indébito, que ser demonstrada a existência do direito. 2. A Primeira Seção deste STJ reconheceu, em sede de recurso representativo da controvérsia, na forma do art. 543-C, do CPC, a possibilidade de compensação de valores de imposto de renda indevidamente retidos na fonte com valores apurados na declaração de ajuste anual, afastando a preclusão, quando a matéria é alegada em embargos à execução pela Fazenda Nacional. Precedente em Recurso Representativo da Controvérsia: REsp 1001655-DF, Primeira Seção, Rel. Min. Luiz Fux, julgado em 11.3.2009. 3. Também foi reconhecido ao contribuinte, pela jurisprudência desta Casa, em sede de recurso representativo da controvérsia a possibilidade de optar pela restituição via precatórios, ou compensação na declaração de ajuste, desde que verificado corretamente o quantum devido. Precedente em Recurso Representativo da Controvérsia : REsp. Nº 1.114.404 – MG, Primeira Seção, Rel. Min. Mauro Campbell Marques, julgado em 10.2.2010. 4. Recurso especial da Fazenda Nacional não provido e recurso especial do particular parcialmente provido. (REsp 1212994/SC, Rel. Ministro MAURO CAMPBELL MARQUES, SEGUNDA TURMA, julgado em 23/08/2011, DJe 30/08/2011)

[108] CONSTITUCIONAL. PROCESSUAL TRIBUTÁRIO. RECURSO ADMINISTRATIVO DESTINADO À DISCUSSÃO DA VALIDADE DE DÍVIDA ATIVA DA FAZENDA PÚBLICA. PREJUDICIALIDADE EM RAZÃO DO AJUIZAMENTO DE AÇÃO QUE TAMBÉM TENHA POR OBJETIVO DISCUTIR A VALIDADE DO MESMO CRÉDITO. ART. 38, PAR. ÚN., DA LEI 6.830/1980. O direito constitucional de petição e o princípio da legalidade não implicam a necessidade de esgotamento da via administrativa para discussão judicial da validade de crédito inscrito em Dívida Ativa da Fazenda Pública. É constitucional o art. 38, par. ún., da Lei 6.830/1980 (Lei da Execução Fiscal – LEF), que dispõe que "a propositura, pelo contribuinte, da ação prevista neste artigo [ações destinadas à discussão judicial da validade de crédito inscrito em dívida ativa] importa em renúncia ao poder de recorrer na esfera administrativa e desistência do recurso acaso interposto". Recurso extraordinário conhecido, mas ao qual se nega provimento. (RE 233582, Relator(a): Min. MARCO AURÉLIO, Relator(a) p/ Acórdão: Min. JOAQUIM BARBOSA, Tribunal Pleno, julgado em 16/08/2007, DJe-088 DIVULG 15-05-2008 PUBLIC 16-05-2008 EMENT VOL-02319-05 PP-01031)

Extinção do Crédito Tributário

da imponibilidade da norma jurídico tributária, vale dizer, não tem natureza contratual, mas *ex lege*.[109]

3.4. Natureza jurídica da obrigação de restituir

No que tange à natureza jurídica da obrigação de restituir, podemos afirmar que esta não é uma obrigação tributária, mas uma obrigação de Direito Público, pois, na verdade, o que ocorreu foi o pagamento de quantia a título de tributo. Neste sentido, Alfredo Augusto Becker, Fábio Fanuchi e Ricardo Lobo Torres, com os quais nos alinhamos. Em sentido contrário, aduzindo que este pagamento é tributo, Paulo de Barros Carvalho.

Tem como fundamento a ideia de justiça e equidade,[110] pois visa a recompor o contribuinte a sua anterior capacidade contributiva, não executando só o controle formal de legalidade do ato administrativo de cobrança do crédito tributário. Fundamenta-se, assim, no princípio geral de direito, noção ética universal no sentido de vedar o enriquecimento sem causa.

3.5. Sujeitos da repetição do indébito

Sujeito passivo da ação repetitória é a pessoa jurídica de direito público competente para administrar, fiscalizar, normalizar e arrecadar o tributo, ainda que não tenha a competência constitucional para instituí-lo. É o caso do ente que possui capacidade tributária ativa, o qual deverá figurar no pólo passivo da ação repetitória.

Sujeito ativo da ação repetitória é o contribuinte ou o responsável, ou seja, quem suportou o ônus ou encargo financeiro do tributo. A análise deverá ser feita caso a caso, sendo que só haverá direito à repetição, no caso de responsabilidade tributária, quando este dispender recursos próprios, e não aqueles só repassados pelo contribuinte de direito.

Por outro lado, a possibilidade de repetição do indébito pelo contribuinte de fato também vem sendo acolhida por precedentes do STJ.

---

[109] REsp 947233 Relator(a) Ministro LUIZ FUX (1122) Órgão Julgador T1 – PRIMEIRA TURMA Data do Julgamento 23/06/2009.

[110] TORRES, Op. cit., p. 26.

O conceito de contribuinte de fato será abordado com mais profundidade no artigo seguinte (art. 166 do CTN).[111]

Em decisão isolada e minoritária, o STJ já reconheceu, no caso do ITBI, a legitimidade ativa do vendedor para propor ação de repetição do indébito, quando seu direito derivar de sub-rogação pelo comprador do bem imóvel, contribuinte de direito e de fato do tributo, conforme a maioria das legislações municipais, amparadas no art. 42 do CTN.[112]

Entendimento minoritário porque as relações privadas não podem ser opostas ao fisco para alterar a sujeição passiva tributária, nos termos do art. 123 do CTN. Entretanto, nos casos do IPTU, conforme jurisprudência do STJ, a corte tem sido unânime em afastar a legitimidade do locatário para propor este tipo de ação, ainda que o contrato de locação transfira a este a responsabilidade pelo pagamento do tributo.

Caso distinto ocorre quando constatado no ato translatício de domínio que se repassa ao adquirente todos os direitos e ações relacionados com o bem adquirido, conferindo-lhe, *a fortiori*, legitimidade ativa para reclamar a restituição dos valores indevidamente pagos, por exemplo, a título de IPTU, TCLLP E TIP, porquanto passa a ser novel titular do crédito a ser restituído, pleiteando, em nome próprio, direito próprio (art. 6º do CPC).[113]

---

[111] RESP 200401545117, JOSÉ DELGADO, STJ – PRIMEIRA TURMA, 13/06/2005. 1. "A distribuidora de bebidas, ao adquirir o produto industrializado da fabricante para posterior revenda ao consumidor final, suporta o encargo financeiro do IPI, cujo valor vem, inclusive, destacado na nota fiscal da operação. A fabricante, portanto, ostenta a condição de contribuinte de direito (responsável tributário) e a distribuidora a de contribuinte de fato. Nessa condição, a distribuidora tem legitimidade para questionar judicialmente a composição da base de cálculo do tributo (para ver dela abatidos os descontos incondicionais), bem como para pleitear a repetição dos valores pagos indevidamente a tal título" (REsp 817.323/CE, Rel. Min. Teori Zavascki, DJU de 24.04.06). Precedentes de ambas as Turmas de Direito Público.(...) .

[112] STJ – RESP – 362375 Órgão Julgador: SEGUNDA TURMA Data da decisão: 12/11/2002 Relator(a) ELIANA CALMON. TRIBUTÁRIO – ITBI – REPETIÇÃO DE INDÉBITO. 1. O sujeito passivo do ITBI é o comprador, de quem pode ser exigida a obrigação. 2. Se o vendedor, em nome do comprador paga o ITBI e por ele está autorizado a receber, em repetição de indébito, o que pagou, não pode se opor a isso o credor, que recebeu indevidamente. 3. A hipótese não é de substituição tributária, e sim de sub-rogação no direito de crédito (Precedente desta Corte, Primeira Turma, Resp 99.463/SP). 4. Recurso especial improvido.

[113] STJ – AERESP – 778162 – Órgão Julgador: PRIMEIRA SEÇÃO Data da decisão: 25/06/2008 Relator(a) LUIZ FUX. (...)3. *In casu*, o acórdão embargado considerou que: "O adquirente sub-roga-se nos direitos e obrigações relativos ao imóvel quando, no ato translatício, foram-lhe passados todos os direitos e ações relacionados ao bem adquirido. Entretanto, não sendo repassado ao adquirente, no referido ato, todos os direitos e ações relacionados ao bem adquirido, não há como conferir-lhe o direito à repetição das quantias indevidamente recolhidas a título de IPTU". 4. A seu turno, o acórdão paradigma assentou que: "Constando do ato translatício de domínio que se repassa ao adquirente todos os direitos e ações relacionados com o bem adquirido, confere-se-lhes, a fortiori, legitimidade ativa para reclamar a restituição dos valores indevidamente pagos a título de IPTU, TCLLP E TIP, porquanto passa a ser novel titular do crédito a ser restituí-

Assim, tanto o promitente comprador (possuidor a qualquer título) do imóvel quanto seu proprietário/promitente vendedor (aquele que tem a propriedade no registro de imóveis) são contribuintes responsáveis pelo pagamento do IPTU. Neste diapasão, cabe ao legislador municipal eleger o sujeito passivo do tributo, ao contemplar qualquer das situações previstas no art. 34 do CTN, optando por um ou por outro no intuito de facilitar a arrecadação.[114]

3.6. Causas da repetição do indébito

Na linha de Ricardo Lobo Torres,[115] as causas de repetição assinaladas no artigo cuidam apenas da repetição da importância que era devida na data do pagamento, pelo que não compreende, principalmente, a restituição do indébito por causa superveniente, em especial a declaração judicial de inconstitucionalidade da lei tributária pelo STF, hipótese que teve regulamentação através de construção pretoriana do STJ, no que tange à contagem dos prazos. O autor assevera que os arts. 165 e seguintes do CTN cuidam apenas da repetição da importância que era indevida na data do pagamento, pelo que nele não estão compreendidas as hipóteses seguintes.

A restituição do indébito por causa superveniente se estrema pelos pressupostos, pelo fundamento legal e pelas consequências jurídicas peculiares. Essa categoria pode se dividir em cinco grandes grupos, conforme a restituição tenha por fundamento: a declaração

---

do, pleiteando em nome próprio, direito próprio (art. 6° do CPC)". 5. Destarte, ressoa inequívoca a ausência de soluções diversas aos casos concretos em tela, porquanto ambos os arestos esposam o mesmo entendimento, no sentido de que o direito à repetição de indébito de IPTU cabe ao sujeito passivo que efetuou o pagamento indevido, ex vi do artigo 165, do Codex Tributário, de modo que não se confere, àquele que não arcou com o ônus financeiro do tributo, o direito à sua restituição, na hipótese em que pago indevidamente. Os direitos e obrigações referentes ao imóvel hão que ser transferidos ao adquirentes expressamente, por ocasião do ato translatício do domínio. 6. Agravo regimental desprovido.

[114] REsp 1.111.202-SP, Rel. Min. Mauro Campbell Marques, julgado em 10/6/2009. RECURSO REPETITIVO. EXECUÇÃO FISCAL. IPTU. A Seção julgou recurso representativo de controvérsia (art. 543-C do CPC e Resolução n. 8/2008-STJ) reafirmando o entendimento jurisprudencial de que tanto o promitente comprador (possuidor a qualquer título) do imóvel quanto seu proprietário/promitente vendedor (aquele que tem a propriedade registrada no registro de imóveis) são contribuintes responsáveis pelo pagamento do IPTU. Assim, cabe ao legislador municipal eleger o sujeito passivo do tributo, ao contemplar qualquer das situações previstas no art. 34 do CTN, optando por um ou por outro no intuito de facilitar a arrecadação. Precedentes citados: REsp 475.078-SP, DJ 27/9/2004; REsp 979.970-SP, DJ 18/6/2008; AgRg no REsp 1.022.614-SP, DJ 17/4/2008; REsp 712.998-RJ, DJ 8/2/2008; REsp 759.279-RJ, DJ 11/9/2007; REsp 868.826-RJ, DJ 1°/8/2007, e REsp 793.073-SP, DJ 20/2/2006

[115] TORRES, op. cit., p. 261.

de invalidade e ineficácia do negócio jurídico; a declaração judicial de inconstitucionalidade da lei tributária; a mudança dos critérios de interpretação do legislador pela incorporação da jurisprudência; o pagamento antecipado; a remissão por equidade.

A restituição a título de incentivo fiscal se encontra regulada em leis esparsas, sem qualquer sistematização, e vem sendo largamente utilizada para promover o desenvolvimento econômico; já a restituição do empréstimo compulsório decorre da promessa ínsita no seu próprio lançamento.

3.7. Aspectos formais e processuais da repetição do indébito

Quanto aos aspectos formais, o contribuinte pode comprovar o pagamento indevido na ação repetitória através de documento de arrecadação, mas não se trata de documento indispensável à propositura da ação, nos termos do art. 283 do CPC.[116] [117]

3.8. Pagamento de tributo acolhido pela decadência ou prescrição

Caberá a restituição, ainda que o contribuinte tenha pago espontaneamente o tributo (art. 165, I), não necessitando provar que

---

[116] Art. 283. A petição inicial será instruída com os documentos indispensáveis à propositura da ação.

[117] Em sentido contrário, veja: PROCESSUAL CIVIL E TRIBUTÁRIO. PIS. AÇÃO DECLARATÓRIA CUMULADA COM PEDIDO DE REPETIÇÃO/COMPENSAÇÃO DE INDÉBITO. OFENSA AO ART. 535 DO CPC REPELIDA. AUSÊNCIA DE PREQUESTIONAMENTO DE PRECEITOS FEDERAIS. SÚMULAS 282/STF E 211/STJ. 1. O Tribunal de segundo grau exarou o entendimento de que a questão referente à inconstitucionalidade dos DLs 2.445 e 2.449/88 já foi dirimida pelo STF e que para a pretensão de realizar pedido de compensação ou repetição é necessário o efetivo recolhimento do tributo em questão, para o que seria necessária a juntada do documento de arrecadação. No caso, a autora deixou de colacionar documentação, fato que torna incabível o acolhimento do pedido. 2. Nos termos da jurisprudência desta Corte, se a parte formula, inicialmente, pedido para que lhe seja entregue sentença com força constitutiva, com efeitos tributários (repetição de indébito), está obrigada a juntar a documentação comprobatória de suas alegações, isto é, dos valores recolhidos indevidamente. Precedentes. 3. Não há que se falar em violação ao art. 535 do CPC, pois o aresto de segundo grau ofertou a prestação jurisdicional de modo fundamentado, exarando decisão que examinou todos os pontos relevantes para o desate da lide. 4. Apesar da oposição dos embargos de declaração, os arts. 284, 300, 302, 332 e 586, § 1°, do CPC não foram prequestionados, incidindo a Súmula 211/STJ. 5. Agravo regimental não-provido. (AgRg no Ag 1080019/SP, Rel. Ministro MAURO CAMPBELL MARQUES, SEGUNDA TURMA, julgado em 18/12/2008, DJe 16/02/2009)

pagou por erro ou que pagou sob protesto, pois o erro só é relevante no Direito Privado na medida em que neste subsistema jurídico é vício ou defeito na formação da vontade, o que não ocorre no Direito Tributário.

Com efeito, o pagamento sem causa jurídica (lei e/ou Constituição) ensejará o direito à repetição do indébito, ainda que tenha ocorrido a caducidade do direito de a Fazenda Pública fazer o lançamento (decadência) ou ajuizar a ação de execução fiscal (prescrição), pois tanto a prescrição como a decadência são formas de extinção do crédito tributário, à luz do inciso V do art. 156 do CTN.

3.9. Análise dos incisos do artigo 165

No escólio de Aliomar Baleeiro,[118] o inciso primeiro consociou duas hipóteses de restituição de tributos. Na primeira parte, trata de erro de direito, do contribuinte ou da autoridade fiscal, pois tributo incompatível com a legislação é o ilegal e sem causa jurídica na Constituição.

Na segunda parte, trata de erro de fato, pois a natureza ou as circunstâncias do fato gerador efetivamente ocorrido não se enquadram na lei, sendo que aquilo que o sujeito passivo ou a autoridade fazendária pensaram ser a situação de fato definida na lei, para a ocorrência da obrigação tributária, não o era.

No inciso segundo, temos também erro de fato, pois equiparáveis a erros materiais, sendo passíveis de correção de ofício pelo fisco, autorizado pelo § 2º do art. 147 do CTN.[119] Por fim, temos a reforma, anulação, revogação ou rescisão de decisão condenatória, na esfera administrativa ou judicial (entendimento adotado em face da inexistência de vedação legal para esta exegese), que para efeitos práticos conduzem ao mesmo resultado, não importando a sua distinção pelo escopo deste trabalho.

---

[118] BALEEIRO, op. cit., p. 881.

[119] Art. 147. O lançamento é efetuado com base na declaração do sujeito passivo ou de terceiro, quando um ou outro, na forma da legislação tributária, presta à autoridade administrativa informações sobre matéria de fato, indispensáveis à sua efetivação. § 1º A retificação da declaração por iniciativa do próprio declarante, quando vise a reduzir ou a excluir tributo, só é admissível mediante comprovação do erro em que se funde, e antes de notificado o lançamento. § 2º Os erros contidos na declaração e apuráveis pelo seu exame serão retificados de ofício pela autoridade administrativa a que competir a revisão daquela.

3.10. Restituição de tributos indiretos e a repercussão econômica e jurídica

Art. 166. A restituição de tributos que comportem, por sua natureza, transferência do respectivo encargo financeiro somente será feita a quem prove haver assumido o referido encargo, ou, no caso de tê-lo transferido a terceiro, estar por este expressamente autorizado a recebê-la.

O STF adotou inicialmente a tese de que todos os impostos ditos "indiretos" comportam sempre a repercussão do ônus econômico do contribuinte de direito (*de iure*) para o contribuinte de fato (*de facto*), ou seja, para o consumidor ou comprador. Neste sentido veio a súmula n° 71 "Embora pago indevidamente, não cabe a restituição de tributo indireto".

As razões adotadas pelo STF foram as seguintes: nos tributos indiretos sempre irá ocorrer a repercussão; havendo transferência da carga tributária do contribuinte de direito para o contribuinte de fato, aquele não tem direito à repetição para não haver o enriquecimento sem causa. Assim, inexiste o dever de a Fazenda Pública restituir o valor do tributo pago indevidamente, pois o contribuinte de direito não suportou prejuízo patrimonial. Entre haver enriquecimento sem causa do contribuinte de direito e da Fazenda Pública, esta deve ser beneficiada, pois é o Estado que zela pelo interesse público, satisfazendo as necessidades coletivas.

Este entendimento foi suavizado pelo art. 166 do CTN e, depois, pela Súmula n° 546 que tem a seguinte redação: "Cabe a restituição do tributo pago indevidamente, quando reconhecido, por decisão, que o contribuinte *de jure* não recuperou do contribuinte *de facto* o *quantum* respectivo". Com efeito, não participando da relação jurídico-tributária, não pode o contribuinte de fato postular a repetição do indébito.

Esta mudança de postura ocorreu porque a corte reconheceu que a distinção entre impostos direitos e indiretos é fugidia no seio da Ciência das Finanças e do Direito Financeiro, de onde o Direito Tributário se originou e importou o conceito, e gerava inúmeras controvérsias, em especial pelo fato de que a repercussão, embora provável nos impostos sobre a produção e circulação (*v.g.*, IPI e ICMS), assentados na trocas econômicas, pode não ocorrer em face das condições de mercado, no momento da formação dos preços (competitividade, estrutura e incidência da exação e natureza do produto), os quais podem ser inferiores ao custo total do produto ou serviço envolvido na

Extinção do Crédito Tributário

operação, como no caso de promoções e preços controlados e tabelados pelo governo.

Destarte, pode o contribuinte de direito, através de seus livros e documentos fiscais, provar que não agregou ao produto ou serviço o tributo, ou que está autorizado a receber a restituição pelo contribuinte de fato, ou, ainda, demonstrar a impossibilidade prática de ocorrer a transferência em face das circunstâncias especiais do caso concreto.

Misabel Abreu Machado Derzi[120] faz ponderação extremamente relevante, que deve ser entendida como a melhor linha de pensar sobre o tema. Entende que tributos indiretos, ou seja, tributos cujo ônus econômico é repassado ao contribuinte de fato (consumidor ou comprador) são aqueles definidos pela própria Constituição ao adotar o princípio da não cumulatividade, caracterizador da translação econômica, repercutindo no mecanismo dos preços.

Visam, ao final, a beneficiar o consumidor ou comprador pela redução da carga tributária, não permitindo a incidência em cascata na tributação plurifásica (tributos que incidem em uma cadeia de produção ou circulação de mercadorias), mantendo-se neutro o efeito da tributação, para que esta não deforme a competitividade, a formação dos preços ou a livre concorrência, onerando o consumo (contribuinte de fato – consumidor e comprador) e não a produção ou o comércio (contribuinte de direito).

Com efeito, esta sistemática visa não onerar o agente econômico que atua sujeito às leis de mercado, ou seja, o contribuinte de direito. Nestes tributos, assim, a repercussão ao contribuinte de fato é autorizada constitucionalmente, *ex vi*, art. 153, § 3º, incisos I e II (IPI), bem como art. 155, § 2º, incisos I e III (ICMS), ambos da CF/88. A jurisprudência assentou-se neste sentido.[121]

---

[120] BALEEIRO, op. cit., p. 887.

[121] RE 202987/SP, rel. Min. Joaquim Barbosa, 30.6.2009. SEGUNDA TURMA. IMUNIDADE: ICMS E SERVIÇO SOCIAL AUTÔNOMO – 1 A Turma desproveu recurso extraordinário em que o Serviço Social da Indústria – SESI sustentava ser imune à tributação pela incidência de impostos (CF, 150, VI, *c*) ao argumento de que a extensão da proteção constitucional às operações de venda de mercadorias diretamente ao consumidor permitiria a venda de produtos a preços mais acessíveis, auxiliando na melhoria do padrão de vida de seus filiados. Na espécie, o tribunal local assentara que o ICMS não gravaria o patrimônio, nem as rendas, nem os serviços do SESI, uma vez que ele recairia sobre a comercialização de bens de consumo, sendo, na verdade, pago pelo consumidor. Inicialmente, reputou-se desnecessária, conforme sugerido pela Procuradoria Geral da República, a submissão do feito ao Plenário do STF, dado que não haveria pedido de declaração incidental de inconstitucionalidade de norma estadual, bem como seria pacífica a jurisprudência da Corte pertinente à matéria. IMUNIDADE: ICMS E SERVIÇO SOCIAL AUTÔNOMO – 2 Concluiu-se que, seja na substituição, seja na responsabilidade tributária, não haveria o deslocamento da sujeição tributária passiva direta, eis que os substitutos

Interessante o julgado do STJ, em Recurso Repetitivo, sobre tema análogo, envolvendo as contribuições sociais para o PIS e Cofins em serviços de telefonia. Tratava-se, na origem, de ação de repetição de indébito ajuizada por consumidor em desfavor da empresa prestadora de serviços de telefonia, objetivando a repetição dos valores atinentes ao repasse das contribuições sociais (PIS e Cofins) incidentes sobre a fatura dos serviços de telefonia.

Cingia-se a controvérsia em resolver a lide acerca da legalidade ou não do repasse econômico do PIS e da Cofins nas tarifas telefônicas, assumindo a corte infraconstitucional que se tratava de repasse econômico. Fixou-se o entendimento no sentido de que o repasse econômico do PIS e da Cofins, nos moldes realizados pela empresa concessionária de serviços de telefonia, revelava prática legal e condizente com as regras de economia e de mercado, sob o ângulo do direito do consumidor, com espeque no § 3º do art. 9º da Lei nº 8.987/95 e no art. 108, § 4º, da Lei n. 9.472/97, utilizando-se o CDC como respal-

---

e os responsáveis não seriam, nem passariam a ser, contribuintes do tributo. Asseverou-se que responsabilidade e substituição tributária versariam normas voltadas a garantir a máxima efetividade do crédito tributário, mediante a eleição de outros sujeitos passivos para garantir o recolhimento do valor devido a título de tributo. Assim, o responsável ou o substituto responderiam por obrigação própria, mas totalmente dependente da existência, ou possibilidade de existência, e da validade, da relação jurídica tributária pertinente ao contribuinte. Assentou-se que a imunidade tributária não alcançaria a entidade na hipótese de ser ela eleita responsável ou substituta tributária, porquanto, em ambas as hipóteses, a entidade não seria contribuinte do tributo, pois não seriam suas operações que se sujeitariam à tributação. Enfatizou-se que os fatos jurídicos tributários referir-se-iam a outras pessoas, contribuintes, como o produtor-vendedor, no caso dos autos, e que, se tais pessoas não gozarem da imunidade, descaberia estender-lhes a salvaguarda constitucional. Afirmou-se não se tratar, também, de investigar quem suportaria a carga tributária para estabelecer o alcance da imunidade, pois, no quadro ora examinado, a busca pelo contribuinte de fato seria irrelevante, na medida em que existiria um contribuinte de direito, que seria o produtor-vendedor, descabendo estender-lhe o benefício, se ele não gozar da imunidade. IMUNIDADE: ICMS E SERVIÇO SOCIAL AUTÔNOMO – 3 Concluiu-se que, seja na substituição, seja na responsabilidade tributária, não haveria o deslocamento da sujeição tributária passiva direta, eis que os substitutos e os responsáveis não seriam, nem passariam a ser, contribuintes do tributo. Asseverou-se que responsabilidade e substituição tributária versariam normas voltadas a garantir a máxima efetividade do crédito tributário, mediante a eleição de outros sujeitos passivos para garantir o recolhimento do valor devido a título de tributo. Assim, o responsável ou o substituto responderiam por obrigação própria, mas totalmente dependente da existência, ou possibilidade de existência, e da validade, da relação jurídica tributária pertinente ao contribuinte. Assentou-se que a imunidade tributária não alcançaria a entidade na hipótese de ser ela eleita responsável ou substituta tributária, porquanto, em ambas as hipóteses, a entidade não seria contribuinte do tributo, pois não seriam suas operações que se sujeitariam à tributação. Enfatizou-se que os fatos jurídicos tributários referir-se-iam a outras pessoas, contribuintes, como o produtor-vendedor, no caso dos autos, e que, se tais pessoas não gozarem da imunidade, descaberia estender-lhes a salvaguarda constitucional. Afirmou-se não se tratar, também, de investigar quem suportaria a carga tributária para estabelecer o alcance da imunidade, pois, no quadro ora examinado, a busca pelo contribuinte de fato seria irrelevante, na medida em que existiria um contribuinte de direito, que seria o produtor-vendedor, descabendo estender-lhe o benefício, se ele não gozar da imunidade.
Ver também AGRESP 200801067462 e ERESP 664374.

Extinção do Crédito Tributário

do legal ao repasse, o que diferencia este caso concreto daqueles que vinham sendo analisados sobre esta problemática.

Em razão da dicção dos mencionados dispositivos legais, dessumiu-se que é juridicamente possível o repasse de encargos, que pressupõe alteração da tarifa em função da criação ou extinção de tributos, consoante se infere da legislação *in foco*. Assentou-se que a legalidade da tarifa e do repasse econômico do custo tributário encartado nela exclui a antijuridicidade da transferência do ônus relativo ao PIS e à Cofins, tanto mais que, consoante reiterada jurisprudência daquela Corte Superior, a abusividade prevista no CDC pressupõe cobrança ilícita, excessiva, que possibilita vantagem desproporcional e incompatível com os princípios da boa-fé e da equidade, que não ocorriam no caso.[122]

Ainda que não sirva como parâmetro, já que a lide foi solucionada à luz do CDC, o caso concreto é inovador ao admitir expressamente uma hipótese de repasse econômico em relação às contribuições do PIS e Cofins, sem entrar no mérito de tratar-se de tributação cumulativa ou não cumulativa ou se o contribuinte de fato teria ou não direito a compor o pólo ativo da ação repetitória.

Relevante ressaltar que a matéria foi apreciada pelo STF. A Federação das Indústrias de Mato Grosso (FIEMT) ajuizou ação, na primeira instância, para ver garantido, às suas associadas, o direito ao

---

[122] REPETITIVO. PIS. COFINS. SERVIÇOS.TELEFONIA. Trata-se, na origem, de ação de repetição de indébito ajuizada por consumidor em desfavor da empresa prestadora de serviços de telefonia, objetivando a repetição dos valores atinentes ao repasse das contribuições sociais (PIS e Cofins) incidentes sobre a fatura dos serviços de telefonia. Desse modo, cinge-se a controvérsia a resolver a lide acerca da legalidade ou não do repasse econômico do PIS e da Cofins nas tarifas telefônicas. A Seção, ao prosseguir o julgamento de recurso repetitivo (art. 543-C do CPC e Res. n. 8/2008-STJ), por maioria, fixou entendimento no sentido de que o repasse econômico do PIS e da Cofins, nos moldes realizados pela empresa concessionária de serviços de telefonia, revela prática legal e condizente com as regras de economia e de mercado, sob o ângulo do direito do consumidor, com espeque no art. 9º, § 3º, da Lei n. 8.987/1995 e no art. 108, § 4º, da Lei n. 9.472/1997. Em razão da dicção dos mencionados dispositivos legais, dessume-se que é juridicamente possível o repasse de encargos, que pressupõe alteração da tarifa em função da criação ou extinção de tributos, consoante se infere da legislação in foco. Assentou-se que a legalidade da tarifa e do repasse econômico do custo tributário encartado nela exclui a antijuridicidade da transferência do ônus relativo ao PIS e à Cofins, tanto mais que, consoante reiterada jurisprudência desta Corte Superior, a abusividade prevista no CDC pressupõe cobrança ilícita, excessiva, que possibilita vantagem desproporcional e incompatível com os princípios da boa-fé e da equidade, que não ocorrem no caso. Precedentes citados do STF: ADI 2.733-ES, DJ 3/2/2006; do STJ: EREsp 692.204-RJ, DJe 4/9/2009; REsp 1.099.539-MG, DJe 13/8/2009; REsp 979.500-BA, DJ 5/10/2007; AgRg no Ag 819.677-RJ, DJ 14/6/2007; REsp 804.444-RS, DJ 29/10/2007; REsp 555.081-MG, DJ 28/9/2006; REsp 1.062.975-RS, DJe 29/10/2008; REsp 994.144-RS, DJe 3/4/2008; REsp 1.036.589-MG, DJe 5/6/2008; REsp 961.376-RS, DJe 22/9/2008; AgRg no Ag 1.034.962-SP, DJe 17/11/2008; REsp 994.144-RS, DJe 3/4/2008; REsp 1.036.589-MG, DJe 5/6/2008, e AgRg na SS 1.424-RJ, DJ 6/6/2005. REsp 976.836-RS, Rel. Min. Luiz Fux, julgado em 25/8/2010. (STJ, Inf. 444)

pagamento do ICMS proporcionalmente à energia elétrica efetivamente consumida, porém fornecida mediante contrato de reserva de demanda ou potência.

Diante do sucesso da ação, o Estado do Mato Grosso recorreu da decisão ao Superior Tribunal de Justiça, que lhe deu provimento judicial favorável. Para o STJ, nas operações internas com energia elétrica, o contribuinte é quem fornece ou promove sua circulação. Assim, ainda que se discuta a condição da concessionária, é certo que não é possível enquadrar o consumidor final na descrição legal de contribuinte de direito, disse o STJ, entendendo que a FIEMT não teria legitimidade para mover a ação.

O Ministro Joaquim Barbosa concedeu liminar na Ação Cautelar (AC) 2827 para suspender decisão do Superior Tribunal de Justiça (STJ), que determinou que apenas os contribuintes de direito tenham legitimidade para cobrar judicialmente a incidência do Imposto sobre Circulação de Mercadorias e Serviços (ICMS) sobre demanda contratada de energia elétrica.

No STF, o deferimento da medida liminar atribui efeito suspensivo ao Recurso Extraordinário (RE) 636016, no qual se discute se as empresas adquirentes de energia elétrica podem pleitear a tributação proporcional ou, em sentido diverso, apenas as geradoras, distribuidoras e concessionárias de energia elétrica podem demandar em juízo tal direito.

Ao conceder a liminar para suspender a decisão do STJ, foi ressaltado pelo relator que o debate sobre a distinção entre "contribuinte de direito" e "contribuinte de fato" é envolta em intermináveis controvérsias doutrinárias e jurisprudenciais. Além disso, como a decisão favorável à FIEMT vigorou por muito tempo, desde agosto de 2004, determinou-se a suspensão da decisão do STJ até o julgamento final da Corte sobre a matéria.

Assim, a afirmação de que os demais tributos, com a exclusão do IPI e do ICMS, são diretos é mera constatação econômica, sem cunho jurídico, pois, além de não encontrar amparo na Constituição, verifica-se que sempre poderão ter seus custos repassados ao preço do produto ou do serviço pelo contribuinte de direito ao contribuinte de fato, pelo mecanismo dos preços e dos contratos, à luz das condições do mercado e da estrutura econômica do país. Ressalte-se que o ISS não é regido pelo princípio constitucional da não cumulatividade, devendo-se sindicar quais aspectos desta problemática a ele se aplicam.

Extinção do Crédito Tributário

Por fim, explicite-se que o art. 166 também é criticado pela maioria da doutrina, que assegura e afirma que o melhor seria a sua retirada do texto do CTN, em face das inúmeras controvérsias suscitadas. Como em breve o STF apreciará a matéria, esperamos que esta insegurança jurídica seja afastada de forma definitiva, ao menos no plano jurisprudencial.

3.11. Repercussão econômica e compensação de créditos escriturais

Cabe perquirir se o art. 166 do CTN também se aplica aos casos de compensação de créditos escriturais. A doutrina[123] majoritária, com a qual nos alinhamos, capitaneada por Misabel Derzi, afirma que não. Aduz a autora que, mesmo nos casos do IPI e do ICMS, onde a translação econômica é comando constitucional, tornando-se jurídica, a regra prevista no artigo não se estende ao direito de compensação dos créditos correspondentes aos impostos incidentes sobre os bens adquiridos pelo contribuinte, pertinentes à exploração de sua atividade econômica (insumos, produtos intermediários, bens do ativo fixo, dentre outros).

Relativamente ao imposto pago, destacado em fatura, o direito do adquirente à compensação é incontrastável pelo princípio da não cumulatividade, que desencadeia a repercussão jurídica, e não a econômica.

A par de maiores digressões, podemos distinguir dois tipos de crédito. O primeiro decorrente do pagamento de tributo sem causa jurídica, por ilegalidade ou inconstitucionalidade, que enseja a repetição do indébito. O segundo é o crédito disciplinado na constituição, decorrente do princípio da não cumulatividade, correspondente ao imposto incidente sobre mercadorias, produtos e bens adquiridos, em que o pressuposto é a operação precedente, que ocorre no IPI e no ICMS.

Neste caso, o direito de crédito é exógeno, externo à estrutura interna da regra de tributação, da qual o contribuinte não participa, não desembolsa, mas sim seu fornecedor, na operação anterior, gerando direito de crédito àquele. Neste diapasão, o art. 166 do CTN engloba apenas o pagamento indevido, não podendo esvaziar o princípio

---

[123] BALEEIRO, op. cit., p. 89.

constitucional da não cumulatividade. Neste sentido vem decidindo o STJ.[124] [125]

3.12. Objeto da restituição

Art. 167. A restituição total ou parcial do tributo dá lugar à restituição, na mesma proporção, dos juros de mora e das penalidades pecuniárias, salvo as referentes a infrações de caráter formal não prejudicadas pela causa da restituição.

Parágrafo único. A restituição vence juros não capitalizáveis, a partir do trânsito em julgado da decisão definitiva que a determinar.

A devolução abrangerá tudo o que foi pago indevidamente a título de determinado tributo, inclusive os acréscimos legais. Entendem-se como acréscimos legais os juros de mora, a correção monetária e as penalidades pecuniárias. O artigo excepciona somente as penalidades pecuniárias decorrentes de infrações de caráter formal não prejudicadas pela causa da extinção, ou seja, aquelas penalidades decorrentes de descumprimento de obrigações acessórias, também denominadas deveres instrumentais, como, por exemplo, apresentar declaração ao fisco ou escriturar livros contábeis e fiscais.

Quanto à correção monetária, em que pese não ter recebido tratamento legal no CTN, a matéria já se encontra pacificada e sumulada pelo STJ no verbete nº 162: "Na repetição do indébito tributário, a correção monetária incide a partir do pagamento indevido". Os indexadores a serem utilizados já foram sistematizados[126] pela jurisprudência do STJ.

---

[124] STJ – ADRESP 441228 Órgão Julgador: PRIMEIRA TURMA Data da decisão: 16/12/2003 Relator(a) FRANCISCO FALCÃO. I – Em se tratando de ação onde se busca apenas o reconhecimento do direito ao crédito extemporâneo e a correlata correção monetária dos saldos escriturais, sem se discutir o quantum, irrelevante se apresenta a prova do repasse do encargo tributário a terceiro. II – Se a pretensão da empresa não objetiva a repetição do indébito tributário, mas a declaração do creditamento extemporâneo do IPI, é inaplicável o art. 166 do CTN.(...).

[125] STJ – AGRESP 409851 Órgão Julgador: PRIMEIRA TURMA Data da decisão: 17/02/2004 Relator(a) DENISE ARRUDA. 1. Tratando-se de ação judicial objetivando o direito a crédito decorrente da aquisição de insumos e matérias-primas isentas, não tributadas, ou com alíquota zero, não é necessária a comprovação da ausência de transferência do encargo financeiro. 2. A prova da repercussão prevista no art. 166 do Código Tributário Nacional somente deve ser exigida quando se tratar de repetição de indébito ou compensação de tributos. 3. Agravo regimental desprovido.

[126] PAULSEN, op. cit., *p.* 1127. Indexadores utilizados. Aplicam-se, para os tributos federais, os seguintes indexadores, sucessivamente: ORTN até fevereiro de 1986 (Lei 4.357/64); OTN até janeiro de 1989 (art. 6º do DL 2.284/86); BTN de fevereiro de 1989 até fevereiro de 1991 (art. 6º da Lei 7.777/89); INPC de março a dezembro de 1991 (jurisprudência); UFIR a contar de janeiro

3.13. Juros de mora

Os juros de mora são calculados na forma do parágrafo único, ou seja, não capitalizados, de forma que não incidam juros sobre juros. O termo inicial é o trânsito em julgado da decisão definitiva que a determinar. O STJ, após grande divergência, pacificou a matéria no verbete da Súmula nº 188: "Os juros moratórios, na repetição do indébito, são devidos a partir do trânsito em julgado da sentença".

Ricardo Lobo Torres[127] traça histórico, com apoio em estudo de direito comparado, afirmando que os juros poderiam incidir desde a data do pagamento indevido, por motivo de equidade, pois a partir daquele dia o contribuinte perdeu os frutos do seu capital, orientação do direito norte-americano.

Assevera, ainda, que os juros poderiam incidir a partir da citação, ocasião em que se constitui em mora o ente público, em favor do qual milita a boa-fé no recebimento indevido, orientação do direito germânico, italiano e espanhol. Por fim, cita a inspiração do CTN, ao afirmar que o termo inicial é o trânsito em julgado porque até aquele dia o recolhimento gozava da presunção de legitimidade que opera em favor dos atos administrativos.

Por ora, oportuno ressaltar que existe precedente do STJ no sentido de que não se cumulam juros compensatórios com os juros moratórios do CTN.[128] O conceito e aplicação da taxa SELIC já foram debatidos no art. 161, CTN, pelo que não o analisaremos agora.

---

de 1992 (Lei 8.383/91); SELIC, abrangendo correção monetária e juros, a contar de janeiro de 1996 (Lei 9.250/95). Aplica-se, ainda, o IPC nos meses em que se verificou expurgo na apuração do índice oficial, por força da implementação de planos econômicos, ou seja, em junho de 1987, janeiro de 1989, março, abril e maio de 1990 e fevereiro de 1991. Inobstante a previsão legal de aplicação da SELIC a contar de janeiro de 1996, como já referido, tanto na cobrança de tributos como no ressarcimento de tributos pagos a maior, a UFIR continuou a ser publicada, sendo extinta apenas pela MP 1973-67, em outubro de 2000. Em sendo aplicada a SELIC, o é de modo exclusivo, afastando a aplicação da UFIR no mesmo período e de todo e qualquer outro índice de correção ou de juros. Na eventualidade de não ser determinada a aplicação da SELIC, ter-se-á que prosseguir aplicando a UFIR até janeiro de 2000 (última fixação), passando-se, então, a utilizar um índice supletivo (INPC ou o IPC-A, que era utilizado como parâmetro para a fixação da UFIR) a contar de janeiro de 2000.

[127] TORRES, op. cit., p. 53.

[128] TRIBUTÁRIO – COMPENSAÇÃO DE TRIBUTOS – CONTRIBUIÇÃO – PRO LABORE – TRIBUTO DECLARADO INCONSTITUCIONAL – APLICAÇÃO DA TAXA SELIC – JUROS MORATÓRIOS – EXPURGOS INFLACIONÁRIOS – CUMULAÇÃO – IMPOSSIBILIDADE. 1. Com a edição da Lei n. 9.250/95, foi estatuído, em seu art. 39, § 4º, que, a partir de 1º/1/96, a compensação ou a restituição de tributos federais será acrescida de juros equivalentes à taxa Selic acumulada mensalmente, calculados a partir da data do pagamento indevido. Desde aquela data, não mais tem aplicação o mandamento inscrito no art. 167, parágrafo único, do CTN, o qual, diante da incompatibilidade com o disposto no art. 39, § 4º, da Lei n.9.250/95, restou derrogado. 2. A taxa Selic, por ser composta de taxa de juros e correção monetária, não pode ser cumulada

3.14. Prazo na repetição do indébito

Art. 168. O direito de pleitear a restituição extingue-se com o decurso do prazo de 5 (cinco) anos, contados:

I – nas hipóteses dos incisos I e II do artigo 165, da data da extinção do crédito tributário;

II – na hipótese do inciso III do artigo 165, da data em que se tornar definitiva a decisão administrativa ou passar em julgado a decisão judicial que tenha reformado, anulado, revogado ou rescindido a decisão condenatória.

Lei Complementar nº 118, de 9 de fevereiro de 2005:

Art. 3º Para efeito de interpretação do inciso I do art. 168 da Lei nº 5.172, de 25 de outubro de 1966 – Código Tributário Nacional, a extinção do crédito tributário ocorre, no caso de tributo sujeito a lançamento por homologação, no momento do pagamento antecipado de que trata o § 1º do art. 150 da referida Lei. (Lei Complementar nº 118, de 9 de fevereiro de 2005)

Art. 4º Esta Lei entra em vigor 120 (cento e vinte) dias após sua publicação, observado, quanto ao art. 3º, o disposto no art. 106, inciso I, da Lei nº 5.172, de 25 de outubro de 1966 – Código Tributário Nacional.

O artigo em comento aplica-se aos casos de repetição do indébito, incluindo a compensação, pois esta é modalidade ou espécie daquela. Outrossim, nos casos de ações judiciais para o creditamento de crédito escritural extemporâneo de IPI e ICMS (tributos sujeitos ao princípio da não cumulatividade, na entrada de insumos isentos, não tributados e sujeitos à alíquota zero), o prazo a ser aplicado é aquele previsto no Decreto nº 20.910/32,[129] de natureza prescricional, comum para as ações contra a Fazenda Pública, e não este do art. 168 do CTN, por não se tratar de hipótese de repetição do indébito.[130]

Deve-se ressaltar que existe imprecisão no Direito Tributário pátrio quanto aos termos "decadência" e "prescrição" relativos ao tema

---

com juros moratórios. 3. É devida a inclusão dos expurgos inflacionários na repetição de indébito, utilizando-se: a) o IPC, no período de março/90 a janeiro/91; b) o INPC, de fevereiro/91 a dezembro/91; e c) a Ufir, a partir de janeiro/92. 4. É pacífico nesta Corte Superior que não incidem juros compensatórios na restituição ou compensação de crédito tributário. Precedentes. Agravo regimental improvido. (AgRg no Ag 630.258/SP, Rel. Ministro HUMBERTO MARTINS, SEGUNDA TURMA, julgado em 21/09/2006, DJ 10/10/2006, p. 294)

[129] Decreto nº 20.910/32. Art. 1º As dívidas passivas da união, dos estados e dos municípios, bem assim todo e qualquer direito ou ação contra a fazenda federal, estadual ou municipal, seja qual for a sua natureza, prescrevem em cinco anos contados da data do ato ou fato do qual se originarem. Art. 2º Prescrevem igualmente no mesmo prazo todo o direito e as prestações correspondentes a pensões vencidas ou pôr vencerem, ao meio soldo e ao montepio civil e militar ou a quaisquer restituições ou diferenças.

[130] PAULSEN, op. cit., p. 1137.

de restituição dos tributos. Podemos segregar a questão de acordo com três correntes doutrinárias básicas. Hugo de Brito Machado[131] sustenta que se trata de prazo prescricional, embora não fundamente sua posição.

Entendemos tratar-se de prazo decadencial, uma vez que o dispositivo legal fala em direito de pleitear a restituição, não especificando se administrativa ou judicial. Ademais, cuida-se de um direito a ser exercido perante a administração, que não pode ser confundido com o direito de ação. Neste mesmo sentido dispõe Paulo de Barros Carvalho.[132]

Uma terceira corrente assevera a natureza mista do prazo ao dispor que se trata de prazo decadencial para o pleito administrativo e prescricional para o pleito judicial. Assim, para o pedido na via administrativa teríamos um prazo decadencial. Já para o pedido na via judicial teríamos um prazo prescricional. Os precedentes do STJ são vacilantes quanto ao uso do termo, não permitindo que se faça, por meio dos julgados analisados, uma sistematização de sua natureza jurídica. Por esta razão preferimos seguir a doutrina.

3.15. Forma de contagem do prazo para repetir nos tributos lançados por homologação

Art. 168 (...)

I – nas hipóteses dos incisos I e II do artigo 165, da data da extinção do crédito tributário;

Segundo o inciso I do artigo em comento, o direito de pleitear a restituição, nas hipóteses dos incisos I e II do art. 165 do CTN, conta-se da data da extinção do crédito tributário. Já o inciso VII do art. 156 do CTN, por sua vez, estabelece que extinguem o crédito tributário o pagamento antecipado e a homologação do pagamento nos termos do disposto no art. 150 e seus §§ 1º e 4º do CTN.

O § 1º do art. 150 expressa claramente que o pagamento antecipado pelo obrigado nos termos deste artigo extingue o crédito, sob condição resolutória da ulterior homologação do lançamento. Assim, pago o tributo, o crédito tributário se encontra extinto, sob condição

---

[131] MACHADO, op. cit., p. 178.
[132] CARVALHO, op. cit., p. 453.

resolutória de sua ulterior homologação, que pode ocorrer de forma tácita no caso de inércia da Fazenda Pública.

Contudo, em que pese a sistematização do CTN, o STJ assentou entendimento no sentido de que, nos tributos sujeitos a lançamento por homologação, o termo inicial de contagem do prazo decadencial para a repetição do indébito, na ausência de homologação expressa, começa depois de decorridos cinco anos da ocorrência do fato gerador.

Inexistindo homologação expressa, aplicar-se-ia o § 4º no sentido de que, se a lei não fixar prazo, será ele de cinco anos, a contar da ocorrência do fato gerador, considerando-se definitivamente extinto o crédito e homologado o pagamento, salvo se comprovada a existência de dolo, fraude ou simulação.

Segundo antiga jurisprudência do STJ, o contribuinte poderia ter até dez anos para repetir o indébito, na hipótese de homologação tácita, consubstanciando a regra do "cinco mais cinco", ou seja, cinco anos da homologação tácita somados aos cinco anos do prazo decadencial inicial.[133]

A matéria estava assim assentada até a alteração legislativa promovida pela LC nº 118/05, com a ressalva de que entraria em vigor 120 (cento e vinte) dias após sua publicação, vigente em 09/06/05, observado, quanto ao seu art. 3º, o disposto no inciso I do art. 106 do CTN.

Este art. 3º inseriu uma suposta regra de interpretação autêntica ao art. 168 do CTN, na verdade *ius novum* que só deve ter aplicação prospectiva, com esteio no princípio da segurança jurídica,[134] afastando o comando do art. 4º da referida lei. Já abordamos anteriormente que o prazo para se pleitear a repetição do indébito tem natureza jurídica decadencial. Assim, nos guiaremos por esta premissa conceitual para desenvolver as questões que estão sendo suscitadas.

Chama-se interpretação autêntica aquela que resulta do próprio órgão legislativo ou de outro que a constituição invista dessas atribuições. Reveste-se de caráter excepcional, cedendo espaço à judicial e à

---

[133] STJ – ERESP 44260 Órgão Julgador: PRIMEIRA SEÇÃO Data da decisão: 18/04/1995 Relator(a) DEMÓCRITO REINALDO. O tributo arrecadado a título de empréstimo compulsório sobre o consumo de combustíveis e daqueles, sujeitos a lançamento por homologação. em não havendo tal homologação, faz-se impossível cogitar em extinção do credito tributário.- a falta de homologação, a decadência do direito de repetir o indébito tributário somente ocorre, decorridos cinco anos desde a ocorrência do fato gerador, acrescidos de outros cinco anos, contados do termo final do prazo deferido ao fisco, para apuração do tributo devido.

[134] ARAÚJO, Valter Shuenquener de. *O princípio da proteção da confiança*: uma nova forma de tutela do cidadão diante do Estado. Niterói: Impetus, p. 37, 2010.

doutrinal. No direito brasileiro, onde vige o princípio constitucional da irretroatividade das leis tributárias, a interpretação autêntica se limita à função específica de esclarecer e suprir o que foi legislado, não podendo irrogar-se a *ius novum* que seja mais oneroso ao contribuinte, ou seja, que venha de forma direta ou indireta aumentar a carga tributária (no campo das obrigações tributárias principais) ou implementar novos deveres formais (no campo das obrigações tributárias acessórias).

Neste diapasão, lei que interpreta outra há que ser retroativa por definição, na medida em que afasta obscuridades e ambiguidades do sistema jurídico. Todavia, esta retroatividade está limitada aos termos retro citados quanto a ser *ius novum*.[135]

Outrossim, a interpretação autêntica não pode alterar a interpretação da norma jurídica dada pelo Poder Judiciário, único órgão detentor da prerrogativa de aplicar a lei em última análise ao caso concreto, visando à composição de litígios nas hipóteses de conflitos de interesse. Esta primeira aproximação aos limites da interpretação autêntica não é questionada pela doutrina.

O que se deve questionar é a possibilidade jurídica de o Poder Legislativo derrogar entendimentos jurisprudenciais já pacificados pelo Poder Judiciário. Nesta primeira aproximação nos parece que sim, pois não se pode suprimir o poder de legislar do órgão ao qual a constituição atribuiu esta típica função.

Foi o que ocorreu no passado em relação à Emenda Passos Porto (EC 23/83), a qual afastou frontalmente jurisprudência do STF em relação ao ICM, atual ICMS, fato nunca declarado inconstitucional pela Corte Constitucional, que tem aceito a correção legislativa da jurisprudência.

Neste sentido, deve-se citar o precedente nos autos da ADIn 605-3, DJ 05.03.93, do STF, no sentido de que nem toda lei interpretativa é contrária ao direito, devendo ser declarada inconstitucional ou ilegal, por invasão ou usurpação da competência do Poder Judiciário.

A Suprema Corte aduziu a compatibilidade deste procedimento legislativo com o art. 2º da CF/88. Contudo, fixou algumas premissas para considerar esta interpretação autêntica válida. Devem prover da mesma fonte de produção normativa de que se originou o ato estatal a ser interpretado e que ostente o mesmo grau de validade e de eficácia da regra de direito positivo interpretado.

---

[135] BALEEIRO, op. cit., p. 670.

De forma idêntica, por analogia, a legislação infraconstitucional, seja através de lei complementar, seja através de lei ordinária, pode alterar dispositivo legal, acarretando a mudança da jurisprudência pacífica dos tribunais superiores. O que não admitimos é a definição por parte do Poder Legislativo, seja por meio de emenda constitucional, seja por meio de legislação infraconstitucional, de qual interpretação deve o Poder Judiciário seguir ao aplicar a norma jurídica ao caso concreto ou analisá-la em sede de controle abstrato de constitucionalidade. Esta postura violaria diretamente os princípios da separação e harmonia dos poderes da República, expresso no art. 2º da CF/88. Neste diapasão, o limite mais explícito que se pode aplicar ao caso é o princípio da segurança jurídica, o qual passamos a analisar.

Deve-se perquirir, neste momento, a verdadeira natureza jurídica do art. 3º da citada lei. Perguntando de outra maneira, este artigo veicula realmente uma interpretação autêntica admissível no nosso sistema jurídico, limitando-se à função específica de esclarecer e suprir o que foi legislado, ou cria direito novo, irrogando-se como *ius novum* que seja mais oneroso ao contribuinte que de forma direta ou indireta aumenta a carga tributária (no campo das obrigações tributárias principais) ou implementa novos deveres formais (no campo das obrigações tributárias acessórias). Esta pergunta deve ser respondida tendo em conta a finalidade da alteração legislativa.

O objetivo evidente da alteração legislativa foi contornar a jurisprudência firmada pela 1ª Seção do STJ no sentido de seguir a regra conhecida como "cinco mais cinco". Este procedimento do legislador não pode ser considerado inconstitucional ou ilegal, conforme já analisado em relação à EC Passos Porto (23/83).

Destarte, a única solução possível e harmônica com o sistema jurídico brasileiro é considerar a alteração como uma disposição normativa nova (*ius novum*), que instaura relações jurídicas novas. Sendo *ius novum* conclui-se que só tem aplicação prospectiva, ou seja, para o futuro, com esteio no princípio da segurança jurídica, inaplicando-se o inciso I do art. do CTN, conforme pretende o art. 4º da LC nº 118/05.

O princípio da segurança jurídica deriva de dois fundamentos constitucionais. Primeiro, pela interpretação dedutiva da cláusula do Estado de Direito.[136] Assim, o que se exige é otimizar em todos os ní-

---

[136] Art. 1º A República Federativa do Brasil, formada pela união indissolúvel dos Estados e Municípios e do Distrito Federal, constitui-se em Estado Democrático de Direito e tem como fundamentos: I – a soberania; II – a cidadania; III – a dignidade da pessoa humana; IV – os valores sociais do trabalho e da livre iniciativa; V – o pluralismo político. Parágrafo único. Todo o poder emana do povo, que o exerce por meio de representantes eleitos ou diretamente, nos termos desta Constituição.

Extinção do Crédito Tributário

veis do Estado – Legislativo, Executivo e Judiciário – os instrumentos de controle sobre toda a Administração Pública, principalmente a Administração Tributária, pelas especificidades das tarefas que desenvolve, maximizando os direitos fundamentais do cidadão, particularmente os direitos fundamentais dos obrigados tributários.

Deriva, também, da interpretação indutiva dos Direitos Fundamentais dos obrigados tributários, especificamente os de proteção do direito adquirido, do ato jurídico perfeito e da coisa julgada (art. 5º, inciso XXXVI,[137] da CRFB/88), do princípio da legalidade (art. 5º, inciso II [138] e art. 150, inciso I[139]), do princípio da irretroatividade (art. 150, inciso III, alínea "a"[140]) e do princípio da anterioridade (art. 150, inciso III, alínea "b"[141]). Cumpre destacar que o STF assevera a segurança jurídica como uma das bases do ordenamento, apesar de não desenvolver o instituto jurídico na seara tributária.[142]

A segurança jurídica incide na estrutura e na dinâmica de funcionamento do Direito como justiça procedimental, enquanto a igualdade forma parte da justiça material. É um princípio que se refere aos órgãos que criam as normas e os procedimentos, e à dinâmica da interpretação e aplicação do ordenamento jurídico, o que explica sua natureza controladora.[143] [144]

---

[137] XXXVI – a lei não prejudicará o direito adquirido, o ato jurídico perfeito e a coisa julgada;

[138] II – ninguém será obrigado a fazer ou deixar de fazer alguma coisa senão em virtude de lei;

[139] Art. 150. Sem prejuízo de outras garantias asseguradas ao contribuinte, é vedado à União, aos Estados, ao Distrito Federal e aos Municípios: (…) I – exigir ou aumentar tributo sem lei que o estabeleça;

[140] Art. 150. (...) III – cobrar tributos: (…) a) em relação a fatos geradores ocorridos antes do início da vigência da lei que os houver instituído ou aumentado;

[141] b) no mesmo exercício financeiro em que haja sido publicada a lei que os instituiu ou aumentou;

[142] A questão de fato não contribui com nenhuma informação relevante, daí não a termos citado. "O Supremo Tribunal Federal – que é o guardião da Constituição, por expressa delegação do Poder Constituinte – não pode renunciar ao exercício desse encargo, pois, se a Suprema Corte falhar no desempenho da gravíssima atribuição que lhe foi outorgada, a integridade do sistema político, a proteção das liberdades públicas, a estabilidade do ordenamento normativo do Estado, a segurança das relações jurídicas e a legitimidade das instituições da República restarão profundamente comprometidas. O inaceitável desprezo pela Constituição não pode converter-se em prática governamental consentida. Ao menos, enquanto houver um Poder Judiciário independente e consciente de sua alta responsabilidade política, social e jurídico-institucional" (Medida Cautelar na Ação Direta de Inconstitucionalidade nº 2.010, relator Ministro Celso de Mello, DJ 12/04/02.)

[143] PECES BARBA, M.: Prefácio do livro de PAREJO ALFONSO, L. *Constitución y valores del ordenamiento.* Madri: Centro de Estudios Ramón Areces, p. 14, 1990.

[144] GARCÍA DE ENTERRÍA, E.: "Principio de legalidad, Estado material de Derecho y facultades interpretativas de la jurisprudencia en la constitución", *REDC*, nº 12, 1990. HERNANDEZ GIL, A. *El cambio político español y la Constitución.* Barcelona: Planeta, 1982, p. 409-410.

O princípio da segurança jurídica, dotado de eficácia normativa, vincula a Administração Pública e os tribunais. Reveste um conteúdo material de exigência de previsibilidade, certeza e calculabilidade por parte dos cidadãos quanto aos efeitos jurídicos de seus atos que gera uma expectativa a mais precisa possível de seus direitos e deveres – segurança objetiva.

Não obstante, essa previsibilidade só terá sentido enquanto se refletir na vontade subjetiva do obrigado tributário, o que se coaduna com a ideia de proteção da confiança[145] ou expectativa do ordenamento – segurança subjetiva.[146]

As possibilidades de previsão objetiva – segurança objetiva – podem ser resumidas em duas manifestações. Em primeiro lugar, a chamada segurança de orientação,[147] de regra,[148] normativa[149] ou correção estrutural de ordenamento,[150] determinadas como a previsibilidade que consiste nas regras de comportamento, que afeta a definição das hipóteses normativas e, efetivamente, a descrição legal, tanto dos pressupostos de fato como das consequências jurídicas. É a garantia da disposição e formulação regular das normas e instituições integradoras de um sistema jurídico.[151]

Concretiza-se por meio de algumas premissas: existência da norma jurídica – positividade do ordenamento; que as normas positivas existam com anterioridade à produção dos fatos que regulam; que essa existência prévia aos fatos regulados seja conhecida pelos destinatários das normas e eventuais realizadores dos pressupostos de fatos previstos; que a existência prévia e pública da norma seja também uma existência regular, o que significa que a norma tenha pretensões de definitividade e estabilidade; que as normas sejam claras, em vista do que a legislação requer que se proceda à tipificação unívoca dos

---

[145] XAVIER, A.: "Tipicidad y legalidad en el Derecho Tributario". *RDFHP*, n. 120, 1995, p. 1283.

[146] HARTZ, W.: "Mehr Rechtssicherheit im Steurrecht", Steueberater Jahrbuch, 1965-1966, p. 77-80 *apud* GARCÍA NOVOA, C. El *principio de seguridad en materia tributaria*. Madri: Marcial Pons, 2000., p. 22.

[147] ZIPPELIUS, R.: Das Wesen des Rechts, Munchen, C. H. Beck, 1969, p. 123-126 *apud* GARCÍA NOVOA, C. El *Principio de Seguridad Jurídica en materia tributaria*. Madrid: Marcial Pons, 2000, p. 74.

[148] TIPKE, K.: Steuergerechtigkeit *in* Theorie und Praxis, Koln, Verlag Dr. Otto Schimdt, K. G., 1981, p. 47 et seq. *apud* GARCÍA NOVOA, C. El *principio de seguridad jurídica en materia tributaria*. Madri: Marcial Pons, *2000*, p. 77.

[149] SAINZ DE BUJANDA, F.: "Reflexiones sobre un sistema de Derecho Tributario español", *in Hacienda y Derecho*, vol. III, Madri, 1963, p. 294.

[150] PEREZ LUÑO, A.: "La seguridad como función jurídica", *in Funciones y fines del Derecho, Estudios en honor a Mariano Hurtado Bautista*, Murcia, 1992, p. 106.

[151] *Ibid*, p. 23.

Extinção do Crédito Tributário

pressupostos de fato, se evite o uso abusivo de conceitos vagos e indeterminados e se delimitem, com precisão, as consequências jurídicas.[152]

Em segundo lugar, dependente da primeira – segurança de orientação, de regra, normativa ou correção estrutural do ordenamento –, está a segurança no sentido funcional,[153] de realização ou aplicativa.[154] Segurança de que as proposições normativas formuladas em caráter hipotético serão aplicadas a cada situação de fato concreta com absoluto respeito ao que têm previsto e sem que haja variações de critério no momento de resolver pressupostos similares. É entendida como exigência de segurança destinada diretamente aos aplicadores do Direito – Administração Pública e tribunais.

Está conectada às atuações materiais dos aplicadores do Direito, principalmente à atividade da Administração Tributária, em especial a interpretação. Essa atividade de aplicação será formal e materialmente adequada quando for desenvolvida de acordo com o ordenamento jurídico, garantia do cumprimento do Direito por todos os seus destinatários e de regularidade de atuação dos órgãos responsáveis por sua aplicação, o que assegura a realização do Direito mediante a sujeição ao bloco de legalidade por parte dos poderes públicos – princípio da legalidade –, prevenindo, desse modo, a arbitrariedade dos que exercem o poder.[155]

A segurança jurídica é um somatório de certeza e legalidade, hierarquia e publicidade normativa, irretroatividade do não favorável, interdição da arbitrariedade, mas que, se tivessem sido esgotados os acréscimos a esses princípios, não teria sido necessário formulá-la expressamente.

Esse enfoque permite afirmar que o princípio abarcará o aspecto da "certeza" em matéria de aplicação do sistema tributário, incluindo o campo da interpretação e do esclarecimento da legislação tributária. Portanto, essa segurança jurídica é traduzida em um sentido mais amplo, como a confiança legítima e/ou a perspectiva razoavelmente fundada – previsibilidade – dos obrigados tributários de qual será a atuação dos poderes públicos na aplicação do Direito.

---

[152] GARCÍA NOVOA, C. *El Principio de Seguridad...*, op. cit., p. 110; PEREZ LUÑO, op. cit., p. 23-25.

[153] PEREZ LUÑO, op. cit., p. 286.

[154] SAINZ DE BUJANDA, op. cit., p. 295.

[155] PERES LUÑO, op. cit., p. 26.

Com efeito, o Poder Legislativo está limitado na interpretação da lei tributária, pois a título de aplicação retroativa da norma jurídica não pode agravar a carga fiscal ou criar novo ônus ao contribuinte em relação a fatos passados ou já esgotados. Para tanto, deve existir um Poder Judiciário independente, como corolário da justiça no seu conceito mais amplo[156] que possa afastar estas violações ao princípio da segurança jurídica.

Assinale-se que a CF/88 não contém expressamente a previsão deste princípio. Entretanto, isto não significa que ele não esteja contido implicitamente no sistema constitucional. Subsume-se, pois, do Princípio do Estado Democrático de Direito, *ex vi*, art. 1º,[157] da Carta Constitucional, princípio que na dicção da doutrina[158] tem ínsita a ideia de proteção da confiança do cidadão-contribuinte.

Sem sombra de dúvidas, este é um dos aspectos mais relevantes do princípio da segurança jurídica, só que na perspectiva do indivíduo-contribuinte, no sentido de que este possa confiar que tanto a sua atuação, bem com a atuação do Estado, nas suas diversas funções – administrativa, legislativa e judicial – no que tange aos seus direitos, posições e relações jurídicas, se pautaram por efeitos jurídicos duradouros e previstos ou calcados nestas premissas.

Neste diapasão, em que pese atuar sobre todas as funções do Estado acima referidas, agirá, sobretudo, em face do legislador, a quem cabe delimitar o poder de tributar, que ora sofre as limitações aqui estudadas, pois implicará restrições na edição de normas retroativas, na revogação de normas, bem como na alterabilidade prospectiva das leis fiscais. Podemos afirmar que o valor da segurança jurídica[159] é que vai informar todo o sistema de princípios protetivos que respaldam a confiança e a não surpresa do contribuinte.

Portanto, o Poder Judiciário não deve apegar-se ao *nomem iuris* dos institutos jurídicos quando estes não se alinham com a sua verdadeira natureza jurídica. A tarefa de definição da verdadeira natureza jurídica dos institutos compete à doutrina e, em última instância, ao Poder Judiciário, instrumentado pelos mecanismos constitucionais

---

[156] DERZI, Misabel, *apud* BALEEIRO, Aliomar. *Limitações Constitucionais ao Poder de Tributar.* 7ª ed. Rio de Janeiro. Forense, 2003, p. 47.

[157] Art. 1º, CF/88: "A República Federativa do Brasil, formada pela união indissolúvel dos Estados e Municípios e do Distrito Federal, constitui-se em Estado Democrático de Direito e tem como fundamentos...".

[158] NABAIS, José Casalta. *O Dever Fundamental de pagar impostos.* Coimbra: Almedina, 1997, p. 395

[159] TORRES, Ricardo Lobo. *Curso de Direito Financeiro e Tributário.* 10ª ed. Rio de Janeiro: Renovar, 2003, p. 79.

Extinção do Crédito Tributário

para adequar ou afastar a norma do ordenamento jurídico por ilegalidade ou inconstitucionalidade.

Com efeito, ao nosso sentir, o melhor entendimento é dar interpretação conforme à Constituição ao art. 4º da LC 118/05, no sentido de afastar a interpretação da última parte deste artigo no que tange à sua aplicação retroativa, na forma do inciso I do art. 106 do CTN, ou seja, para que o art. 3º só se aplique a situações futuras (aplicação prospectiva).

Podemos ir mais além ao afirmar que a nova normativa, *ius novum*, se compatibiliza com uma nova sistematização das regras do CTN no que tange ao prazo de repetição do indébito para o lançamento por homologação. Isto se dá pela leitura do art. 168, inciso I, CTN, da seguinte forma:

> Art. 168. O direito de pleitear a restituição extingue-se com o decurso do prazo de 5 anos, contados:
>
> I – nas hipóteses dos inc. I e II do art. 165, da data da extinção do crédito tributário. A extinção do crédito tributário ocorre, no caso de tributo sujeito a lançamento por homologação, no momento do pagamento antecipado de que trata o § 1º do art. 150 da referida Lei.

A Corte Especial do STJ definiu que o legislador pode dar novo entendimento à matéria, mas não pode atingir fatos pretéritos, especialmente o caso daqueles contribuintes que efetuaram o pagamento indevidamente na vigência da lei anterior, como fez a segunda parte do artigo 4º da LC nº 118/05, declarada inconstitucional. Para o STJ, tal medida afrontaria a autonomia e independência dos Poderes e a garantia do direito adquirido, o ato jurídico perfeito e a coisa julgada.[160]

---

[160] REPETITIVO. COMPENSAÇÃO. PRESCRIÇÃO. Trata-se de recurso representativo de controvérsia (art. 543-C do CPC e Res. n. 8/2008-STJ) em que a recorrente, pessoa jurídica optante pela tributação do imposto de renda com base no lucro presumido, impetrou mandado de segurança na origem, em 26/8/2005, pretendendo a declaração de inexigibilidade da Cofins nos moldes da ampliação da base de cálculo e majoração da alíquota previstas nos arts. 3º, §§ 1º e 8º, da Lei n. 9.718/1998, com o reconhecimento do direito à compensação dos valores recolhidos indevidamente a esse título, corrigidos monetariamente. Então, nas razões recursais, pugnou pelo reconhecimento do prazo prescricional decenal, visto que o tribunal de origem entendeu ser aplicável à espécie o prazo quinquenal, bem como buscou a aplicação das regras de imputação do pagamento previstas no CC/2002. É cediço que a Seção, em recurso repetitivo, já assentou que o advento da LC n. 118/2005 e suas consequências sobre a prescrição, do ponto de vista prático, implica dever ser contada da seguinte forma: relativamente aos pagamentos efetuados a partir da sua vigência (que ocorreu em 9/6/2005), o prazo para a repetição do indébito é de cinco anos a contar da data do pagamento; e, relativamente aos pagamentos anteriores, a prescrição obedece ao regime previsto no sistema anterior, limitada, porém, ao prazo máximo de cinco anos a contar da vigência da lei nova. Assim, explica o Min. Relator que, quanto ao prazo prescricional decenal, assiste razão à recorrente, pois não houve prescrição dos pagamentos efetuados nos dez anos anteriores ao julgamento da ação. Ademais, o princípio da irretroatividade implica a incidência da LC n. 118/2005 aos pagamentos indevidos realizados após a sua vigência, e não às ações propostas após a referida lei, visto que essa norma concerne à extinção da obrigação e

Assim, do ponto de vista prático, a prescrição deveria ser contada da seguinte forma: relativamente aos pagamentos indevidos de tributos feitos a partir de 9 de junho de 2005 – data da entrada em vigor da lei –, o prazo para o contribuinte pedir a restituição é de cinco anos a contar do pagamento. Relativamente aos pagamentos anteriores, a prescrição obedece à tese dos cinco mais cinco, limitada ao prazo máximo de cinco anos a contar da vigência da lei nova.

Não obstante, não foi nesta linha de decidir o STF. Esta corte, em voto da Ministra Ellen Grace, relatora, nos autos do RE 562045, dispôs que é inconstitucional o art. 4º, segunda parte, da Lei Complementar nº 118/2005, por ofensa ao princípio da segurança jurídica, nos seus conteúdos de proteção da confiança e de acesso à Justiça, com suporte implícito e expresso nos artigos 1º e 5º, XXXV, da CF.

No que toca à sua aplicação prática, considerou que o novo prazo de 5 anos vale tão somente para as ações ajuizadas após o decurso da *vacatio legis* de 120 dias, ou seja, a partir de 9.6.2005. Entendemos mais coerente com o sistema jurídico e a lógica da repetição do indébito a posição do STJ, ao privilegiar a aplicação do instituto de acordo com a data do pagamento, ou seja, da efetiva extinção do crédito tributário.

II – na hipótese do inciso III do art. 165, da data em que se tornar definitivo a decisão administrativa ou passar em julgado a decisão judicial que tenha reformado, anulado, revogado ou rescindido a decisão condenatória.

Em relação a este dispositivo, deve-se ressalvar que enquanto pender decisão administrativa o prazo não se inicia. Outrossim, a obrigação tributária não está sujeita ao juízo de oportunidade ou conveniência por parte da autoridade administrativa, sendo inaplicável o instituto da revogação retrocitado.

---

não ao aspecto processual da ação. Entretanto, assevera ainda que, quanto à segunda questão controvertida no REsp, qual seja, a possibilidade de aplicação à matéria tributária do instituto da imputação do pagamento tal qual disciplinada no CC/2002, não pode prosperar a pretensão. Isso porque este Superior Tribunal já pacificou o entendimento de que a regra de imputação de pagamentos estabelecida nos arts. 354 e 379 do CC/2002 é inaplicável aos débitos de natureza tributária, visto que a compensação tributária rege-se por normas próprias e específicas, não sendo possível aplicar subsidiariamente as regras do CC/2002. Também aponta não haver lacuna na legislação tributária, em matéria de imputação de créditos nas compensações tributárias, que autorize a sua integração pela aplicação da lei civil. Precedentes citados: REsp 1.002.932-SP, DJe 18/12/2009; EREsp 644.736-PE, DJ 17/12/2007; REsp 1.130.033-SC, DJe 16/12/2009; AgRg no Ag 1.005.061-SC, DJe 3/9/2009; AgRg no REsp 1.024.138-RS, DJe 4/2/2009; AgRg no REsp 995.166-SC, DJe 24/3/2009; REsp 970.678-SC, DJe 11/12/2008; REsp 987.943-SC, DJe 28/2/2008, e AgRg no REsp 971.016-SC, DJe 28/11/2008. REsp 960.239-SC, Rel. Min. Luiz Fux, julgado em 9/6/2010. (STJ, Inf. 438).

Extinção do Crédito Tributário

3.16. Forma de contagem do prazo para repetir nos tributos lançados por homologação com declaração de inconstitucionalidade

No caso de declaração de inconstitucionalidade, a construção pretoriana, inicialmente, fixou ser o prazo prescricional para a propositura da ação repetitória de cinco anos, com base no princípio da *actio nata*, contado da data da publicação de resolução do Senado Federal, no controle difuso, por força do art. 52, inciso X da CF/88, ou contado da publicação da decisão do STF em ADIn ou ADCon, no controle concentrado.

Ressalve-se que o período a compensar continuava seguindo a regra dos cinco mais cinco (prazo decadencial), só alterando o prazo para a propositura da ação (prazo prescricional). Contudo, o STJ reviu seu entendimento, ao afirmar que, mesmo nestes casos, aplica-se a regra do cinco mais cinco (prazo decadencial) até a alteração legislativa promovida pela LC nº 118/05, no bojo de seus artigos 3º e 4º, vigente em 09/06/05, seguindo-se o que foi comentado no item anterior e não se considerando mais o prazo prescricional de cinco anos para propor a ação repetitória.[161]

3.17. Ação anulatória de decisão administrativa denegatória de restituição

Art. 169. Prescreve em dois anos a ação anulatória da decisão administrativa que denegar a restituição.

Parágrafo único. O prazo de prescrição é interrompido pelo início da ação judicial, recomeçando o seu curso, por metade, a partir da data da intimação validamente feita ao representante judicial da Fazenda Pública interessada.

Trata-se de ação judicial anulatória que visa desconstituir ato administrativo que indefere restituição pleiteada pelo contribuinte na

---

[161] Informativo de jurisprudência do STJ, nº 203. PRESCRIÇÃO. INCONSTITUCIONALIDADE. "CINCO MAIS CINCO". Na hipótese, houve a declaração de inconstitucionalidade da exação, ao fundamento de violação ao princípio da anterioridade, razão pela qual não se fez publicar resolução pelo Senado Federal. Diante disso, a Seção, por maioria, ao prosseguir o julgamento, entendeu não adotar o posicionamento de se contar o prazo prescricional a partir do trânsito em julgado da ADIn, no controle de constitucionalidade concentrado, ou da resolução do Senado, no controle difuso, para novamente adotar o que coloquialmente se conhece pela teoria do "cinco mais cinco". EREsp 435.835-SC, Rel. originário Min. Peçanha Martins, Rel. para acórdão Min. José Delgado, julgados em 24/3/2004.

via administrativa, nos termos do art. 168 do CTN. No parágrafo único, o termo intimação deve ser entendido por citação do representante judicial do sujeito passivo, na forma do art. 219, CPC, com todos os influxos da lei processual civil.

Este prazo não interfere nos prazos para a propositura da ação de repetição do indébito ou para a implementação da compensação pelo contribuinte, pois este pode socorrer-se destas alternativas sem necessitar anular a decisão administrativa. Em verdade, o contribuinte não está obrigado a esgotar a via administrativa antes de socorrer-se da via judicial.

Com efeito, os artigos 168 e 169 devem ser interpretados sistematicamente, pois o prazo para pleitear administrativa ou judicialmente a restituição é decadencial de cinco anos, contado na forma dos incisos I e II do art. 168, e o prazo do art. 169 só tem cabimento quando o contribuinte postular administrativamente a restituição e esta lhe for denegada definitivamente nesta esfera.[162]

No que toca ao parágrafo único, a posição adotado por Hugo de Brito Machado[163] é a que melhor se compatibiliza com o sistema do código. O autor preconiza que a prescrição, cujo prazo recomeça por metade com a citação, somente tem curso quando a demora decorre de fato imputável ao autor da ação. É a interpretação mais razoável do espírito da lei.

Outros autores, entre eles Paulo de Barros Carvalho[164] e Sacha Calmon,[165] aduzem que o dispositivo é inconstitucional e desproporcional, respectivamente. O primeiro afirma que o artigo ofende o art. 5º, inciso XXXV da CF/88, pois a prestação jurisdicional seria inviável neste prazo.

O segundo afirma que o artigo veicula prescrição intercorrente, do processo, e não mais da ação, pois o prazo prescricional para a ação já se interrompeu com a citação válida, consubstanciando privilégio desproporcional à Fazenda Pública contra o princípio da isonomia.

Contudo, ao final, concorda com Hugo de Brito Machado, ao dispor que, em rigor, o autor da ação só poderia ser responsabilizado

---

[162] STJ – RESP 7623 Órgão Julgador: PRIMEIRA TURMA Data da decisão: 06/06/1994 Relator(a) MILTON LUIZ PEREIRA. 1. Despiciendo o exaurimento da via administrativa para ser pleiteada judicialmente a repetição de indébito fiscal, descabe cogitar-se dos artigos 168 e 169, CTN, em prol de alegada prescrição.

[163] MACHADO, op. cit., p. 40.

[164] CARVALHO, op. cit., p. 310.

[165] COELHO, op. cit., p. 401.

Extinção do Crédito Tributário

pelas delongas processuais a seu cargo, e não por aquelas decorrentes do trâmite natural e ordinário do processo.[166] [167]

---

[166] RESP 200501137947, LUIZ FUX, STJ – PRIMEIRA SEÇÃO, 25/02/2008. (...) 9. A decadência ou caducidade, no âmbito do Direito Tributário, importa no perecimento do direito potestativo de o Fisco constituir o crédito tributário pelo lançamento, e, consoante doutrina abalizada, encontra-se regulada por cinco regras jurídicas gerais e abstratas, quais sejam: (i) regra da decadência do direito de lançar nos casos de tributos sujeitos ao lançamento de ofício, ou nos casos dos tributos sujeitos ao lançamento por homologação em que o contribuinte não efetua o pagamento antecipado; (ii) regra da decadência do direito de lançar nos casos em que notificado o contribuinte de medida preparatória do lançamento, em se tratando de tributos sujeitos a lançamento de ofício ou de tributos sujeitos a lançamento por homologação em que inocorre o pagamento antecipado; (iii) regra da decadência do direito de lançar nos casos dos tributos sujeitos a lançamento por homologação em que há parcial pagamento da exação devida; (iv) regra da decadência do direito de lançar em que o pagamento antecipado se dá com fraude, dolo ou simulação, ocorrendo notificação do contribuinte acerca de medida preparatória; e (v) regra da decadência do direito de lançar perante anulação do lançamento anterior (*In: Decadência e Prescrição no Direito Tributário*, Eurico Marcos Diniz de Santi, 3ª ed. Max Limonad, p. 163/210). 10. Nada obstante, as aludidas regras decadenciais apresentam prazo qüinqüenal com dies a quo diversos. 11. Assim, conta-se do "do primeiro dia do exercício seguinte àquele em que o lançamento poderia ter sido efetuado" (artigo 173, I, do CTN), o prazo qüinqüenal para o Fisco constituir o crédito tributário (lançamento de ofício), quando não prevê a lei o pagamento antecipado da exação ou quando, a despeito da previsão legal, o mesmo inocorre, sem a constatação de dolo, fraude ou simulação do contribuinte, bem como inexistindo notificação de qualquer medida preparatória por parte do Fisco. No particular, cumpre enfatizar que "o primeiro dia do exercício seguinte àquele em que o lançamento poderia ter sido efetuado" corresponde, iniludivelmente, ao primeiro dia do exercício seguinte à ocorrência do fato imponível, sendo inadmissível a aplicação cumulativa dos prazos previstos nos artigos 150, § 4º, e 173, do CTN, em se tratando de tributos sujeitos a lançamento por homologação, a fim de configurar desarrazoado prazo decadencial decenal. 12. Por seu turno, nos casos em que inexiste dever de pagamento antecipado (tributos sujeitos a lançamento de ofício) ou quando, existindo a aludida obrigação (tributos sujeitos a lançamento por homologação), há omissão do contribuinte na antecipação do pagamento, desde que inocorrentes quaisquer ilícitos (fraude, dolo ou simulação), tendo sido, contudo, notificado de medida preparatória indispensável ao lançamento, fluindo o termo inicial do prazo decadencial da aludida notificação (artigo 173, parágrafo único, do CTN), independentemente de ter sido a mesma realizada antes ou depois de iniciado o prazo do inciso I, do artigo 173, do CTN. 13. Por outro lado, a decadência do direito de lançar do Fisco, em se tratando de tributo sujeito a lançamento por homologação, quando ocorre pagamento antecipado inferior ao efetivamente devido, sem que o contribuinte tenha incorrido em fraude, dolo ou simulação, nem sido notificado pelo Fisco de quaisquer medidas preparatórias, obedece a regra prevista na primeira parte do § 4º, do artigo 150, do Codex Tributário, segundo o qual, se a lei não fixar prazo a homologação, será ele de cinco anos, a contar da ocorrência do fato gerador: "Neste caso, concorre a contagem do prazo para o Fisco homologar expressamente o pagamento antecipado, concomitantemente, com o prazo para o Fisco, no caso de não homologação, empreender o correspondente lançamento tributário. Sendo assim, no termo final desse período, consolidam-se simultaneamente a homologação tácita, a perda do direito de homologar expressamente e, conseqüentemente, a impossibilidade jurídica de lançar de ofício" (*In Decadência e Prescrição no Direito Tributário*, Eurico Marcos Diniz de Santi, 3ª ed. Max Limonad , p. 170). 14. A notificação do ilícito tributário, medida indispensável para justificar a realização do ulterior lançamento, afigura-se como *dies a quo* do prazo decadencial qüinqüenal, em havendo pagamento antecipado efetuado com fraude, dolo ou simulação, regra que configura ampliação do lapso decadencial, *in casu*, reiniciado. Entrementes, "transcorridos cinco anos sem que a autoridade administrativa se pronuncie, produzindo a indigitada notificação formalizadora do ilícito, operar-se-á ao mesmo tempo a decadência do direito de lançar de ofício, a decadência do direito de constituir juridicamente o dolo, fraude ou simulação para os efeitos do art. 173, parágrafo único, do CTN e a extinção do crédito tributário em razão da homologação tácita do pagamento antecipado" (Eurico Marcos Diniz de Santi, *in* obra citada, p. 171). 15. Por fim, o artigo 173, II, do CTN, cuida da regra de decadência

3.18. Forma de contagem do prazo para repetir nos tributos retidos na fonte

O prazo quinquenal para que o contribuinte peça a restituição do imposto de renda indevidamente pago mediante desconto na fonte, o que se aplica por analogia às contribuições previdenciárias, obedece à mesma sistemática adotada para os tributos sujeitos a lançamento por homologação, devendo ser contado, quando não restar comprovada nos autos, a ocorrência de homologação expressa, com início no término do ano-base a que se refere o tributo indevidamente retido.

Isto porque a retenção na fonte não caracteriza extinção do crédito tributário, sendo ato de mera antecipação do pagamento do tributo até ali calculado, efetuada pela fonte pagadora como substituta tributária e, por isso, não pode ser considerado o *dies a quo* para a contagem do quinquênio decadencial da ação de repetição do indébito. A fonte pagadora não age com a intenção de pagar o imposto devido, mas por dever de antecipar o pagamento sem prévio exame da autoridade administrativa.

Afastamos, assim, a tese de que o termo inicial é a data da entrega da Declaração de Ajuste Anual referente ao ano em que as indevidas retenções foram efetuadas. A criação de ficções jurídicas tende a tornar mais complexa a regra de contagem, ao serem estabelecidas

---

do direito de a Fazenda Pública constituir o crédito tributário quando sobrevém decisão definitiva, judicial ou administrativa, que anula o lançamento anteriormente efetuado, em virtude da verificação de vício formal. Neste caso, o marco decadencial inicia-se da data em que se tornar definitiva a aludida decisão anulatória. 16. *In casu*: (a) cuida-se de tributo sujeito a lançamento por homologação; (b) a obrigação ex lege de pagamento antecipado do ISSQN pelo contribuinte não restou adimplida, no que concerne aos fatos geradores ocorridos no período de dezembro de 1993 a outubro de 1998, consoante apurado pela Fazenda Pública Municipal em sede de procedimento administrativo fiscal; (c) a notificação do sujeito passivo da lavratura do Termo de Início da Ação Fiscal, medida preparatória indispensável ao lançamento direto substitutivo, deu-se em 27.11.1998; (d) a instituição financeira não efetuou o recolhimento por considerar intributáveis, pelo ISSQN, as atividades apontadas pelo Fisco; e (e) a constituição do crédito tributário pertinente ocorreu em 01.09.1999. 17. Desta sorte, a regra decadencial aplicável ao caso concreto é a prevista no artigo 173, parágrafo único, do Codex Tributário, contando-se o prazo da data da notificação de medida preparatória indispensável ao lançamento, o que sucedeu em 27.11.1998 (antes do transcurso de cinco anos da ocorrência dos fatos imponíveis apurados), donde se dessume a higidez dos créditos tributários constituídos em 01.09.1999. 18. Recurso especial parcialmente conhecido e desprovido.

[167] TRIBUNAL – QUINTA REGIÃO- AC 248 Órgão Julgador: SEGUNDA TURMA. Data da decisão: 20/03/1990 Relator(a) JUIZ JOSE DELGADO Decisão POR MAIORIA. 1 – Interpretando-se o artigo 169 do CTN, conclui-se que o ingresso de pleito repetitório na via administrativa interrompe a prescrição qüinqüenal, prevista no artigo 168 do mesmo diploma legal. 2 – Havendo decisão administrativa denegatória, passa a transcorrer o prazo de 02 (dois) anos para a propositura da ação anulatória, que, ainda em curso no caso concreto, afasta a hipótese da extinção do direito, defendida pelo juiz relator, vencido ao final. 3 – apelação provida.

exceções à regra geral, já conturbada pela criação jurisprudencial da regra dos cinco mais cinco.

Mais especificamente, sendo o IRPF tributo complexivo, cuja consolidação ocorre ao final do ano base, é neste momento em que deve ser considerado realizado o fato gerador.

4. Compensação

4.1. Natureza jurídica e aplicabilidade da compensação

Art. 170. A lei pode, nas condições e sob as garantias que estipular, ou cuja estipulação em cada caso atribuir à autoridade administrativa, autorizar a compensação de créditos tributários com créditos líquidos e certos, vencidos ou vincendos, do sujeito passivo contra a Fazenda Pública.

No Direito Privado, a matéria é regulada no art. 368 do CC, estabelecendo que, se duas pessoas são ao mesmo tempo credor e devedor uma da outra, as duas obrigações extinguem-se, até onde se compensarem. Nesta seara, a compensação é modalidade de pagamento compulsório e anômala da dívida, pois, não havendo acordo de vontades, o devedor pode forçar o credor a aceitá-la, retendo o pagamento ou opondo o próprio crédito como defesa à ação de cobrança.[168]

No Direito Tributário, a compensação[169] depende de integração legislativa do ente político que possui a competência tributária para instituir o tributo. Não existe discricionariedade da Fazenda Pública, pois, preenchidos os requisitos legais, tem o contribuinte direito subjetivo a efetivar a compensação.

Portanto, discordamos de Aliomar Baleeiro quando este afirma haver certa dose de discricionariedade da Administração Fazendária para apreciar a oportunidade e a conveniência e o maior ou menor rigor das condições e garantias estipuladas na lei.

Filiamo-nos a Paulo de Barros Carvalho[170] no sentido de que as condições e garantias serão estabelecidas por lei e à Administração caberá verificar se o contribuinte comprova preencher ou não tais re-

---

[168] BALEEIRO, op. cit., p. 898.

[169] Sobre a temática da Manifestação de Inconformidade indicamos a seguinte obra: JUREIDINI DIAS, Karem; MAGALHÃES PEIXOTO, Marcelo (Coord.). *Compensação Tributária*. São Paulo: MP editora, 2008.

[170] CARVALHO, op. cit., p. 311.

Extinção do Crédito Tributário

quisitos individualmente quando a lei que instituir a compensação for específica, exarando ao final despacho administrativo.

Contudo, a lei pode ser genérica, fixando de forma ampla as condições e as garantias, autorizando o contribuinte que as preencher usufruí-la desde logo e independentemente de despacho da autoridade administrativa. Destarte, a compensação se esteia nos princípios da segurança jurídica, da praticidade, da indisponibilidade dos bens públicos e da moralidade administrativa. Com efeito, as condições, garantias, pressupostos e requisitos essenciais criados pelo legislador podem conter aspectos específicos e distintos no Direito Tributário.[171]

Neste diapasão, o dispositivo legal não é autoaplicável, pois necessita de lei ordinária do ente político competente para instituir o tributo. Assim, ele, por si só, não gera direito subjetivo à compensação. O CTN somente autoriza o legislador ordinário de cada ente político – União, Estados, Distrito Federal e Municípios – a autorizar, por lei própria, compensações entre créditos tributários da Fazenda Pública e do sujeito passivo contra ela.

Pressupõe, sempre, créditos recíprocos. Aspecto relevante da compensação são os sujeitos da relação jurídico-tributária. A compensação ocorre entre créditos e débitos que se contrapõem. Deve haver, necessariamente, identidade entre os sujeitos da relação. O credor deve ser também devedor e vice-versa. Em regra, não se admite compensar valor devido a uma pessoa com crédito existente perante terceiro,[172] salvo se houver autorização legal expressa.

No que tange aos critérios que nortearão o estabelecimento das regras da compensação, serão estes ditados por conveniência da política fiscal, não havendo restrição no CTN ou na CF/88 que limite a atuação do ente político. Destarte, poderá o legislador admitir a compensação apenas de alguns tipos de créditos ou estabelecer restrições quanto à data da constituição do crédito, quanto à origem e quanto ao seu montante. O montante não compensado poderá ser sempre passível de repetição.

Aplica-se no encontro de contas a lei vigente na data do procedimento de compensação. Assim, ocorre a aplicação imediata da lei nova. Isto porque, quando do pagamento indevido o que surge é o direito à compensação, mediante restituição ou compensação, cujo regime somente será definido quando do encontro de contas, da liquidação dos créditos e débitos do contribuinte.

---

[171] BALEEIRO, op. cit., p. 900.

[172] PAULSEN, op. cit., p. 1148.

O tema da compensação é, em tese, de competência do STF quando envolve direito intertemporal – direito adquirido e a irretroatividade da lei tributária – e divergências sobre a aplicação de princípios constitucionais.[173] Não envolvendo estes temas a competência será do STJ.

O STF, tratando das limitações impostas pelas Leis n°s 9.029/95 e 9.132/95, já interpretou que o regime jurídico aplicável é o do momento do encontro de contas e não o do momento do pagamento indevido que originou o indébito a compensar.[174] No mesmo sentido vem decidindo o STJ.[175]

4.2. Evolução legislativa aplicável ao âmbito federal

O presente tópico tem por objetivo analisar os diversos aspectos inerentes ao instituto da compensação tributária no âmbito da legis-

---

[173] MARTÍNEZ LÓPEZ, Maria Tereza; DANTAS DE ASSIS, Emanuel Carlos. "Compensação de tributos administrados pela Receita Federal do Brasil. Regimes jurídicos diversos a depender da data do pedido ou da PER/DCOMP. Prazo de homologação. Confissão de dívida. Segurança Jurídica e irretroatividade das leis", p. 81. JUREIDINI DIAS, Karem; MAGALHÃES PEIXOTO, Marcelo (Coord.). *Compensação Tributária*. São Paulo: MP editora, 2008.

[174] STF – 1ª Turma – RE 254.459/SC; STF – 1ª Turma – AIAgR n° 511.024.

[175] REsp 1.100.483-AL, Rel. Min. Castro Meira, julgado em 1°/9/2009. Segunda Turma. MANIFESTAÇÃO. INCONFORMIDADE. EXIGIBILIDADE. CRÉDITO. O recorrente busca o processamento da manifestação de inconformidade que apresentou em processo administrativo, com a conseqüente suspensão da exigibilidade dos débitos (art. 74, § 11, da Lei n. 9.430/1996, com a redação que lhe deu a Lei n. 10.833/2003), porque o Tribunal a quo entendeu incidir a Lei n. 9.430/1996, mas com as restrições ao cabimento da manifestação impostas pela Lei n. 11.051/2004, principalmente quanto a não permiti-la quando ainda não transitada em julgado a decisão que autoriza a compensação ou quando o crédito for de terceiro. No caso, a questão da compensação continua em baila, visto que está pendente agravo de instrumento da inadmissão do extraordinário interposto. Nesse contexto, o processamento da compensação subordina-se à legislação vigente no momento do encontro de contas, vedada a apreciação de eventual pedido de compensação ou declaração de compensação fundamentados em legislação superveniente. Daí se conclui que o marco a ser considerado na definição das normas que são aplicáveis ao recurso de inconformidade é a data em que foi protocolado o pedido de compensação de crédito com o débito de terceiros (no caso, em 30/12/1999) e não a data da protocolização do referido recurso, tal qual entendeu o acórdão recorrido. Assim, deve-se determinar que a autoridade administrativa dê continuidade ao processamento da manifestação. Anote-se, também, que o STJ já sedimentou que as impugnações apresentadas na esfera administrativa têm o condão de impedir o pagamento do valor até que se resolva a questão referente à extinção do crédito tributário em razão da compensação (art. 151, III, do CTN). Desse modo, há que se reconhecer a suspensão da exigibilidade do crédito tributário em questão, objeto do pedido de compensação, até a conclusão do julgamento. Anote-se, por último, que não se fez qualquer juízo de valor quanto à própria validade da compensação. Quanto a esse julgamento, a Min. Eliana Calmon, vencida parcialmente, dava parcial provimento ao especial para o exclusivo fim de julgar o processo administrativo. Precedentes citados: EREsp 850.332-SP, DJe 12/8/2008; REsp 1.101.004-SP, DJe 24/6/2009, e REsp 1.044.484-PR, DJe 5/3/2009.

lação federal, tendo em vista a importância de que se reveste o tema, bem como os inúmeros questionamentos judiciais levados ao Poder Judiciário.[176]

O art. 66 da Lei nº 8.383, de 30 de dezembro de 1991,[177] com a redação dada pela Lei nº 9.069, de 29 de junho de 1995, veio a prever a disciplina legal para se fazer uso da compensação.

Já o art. 39 da Lei nº 9.250, de 26 de dezembro de 1995,[178] veio a dispor que esta compensação somente poderia ser efetuada com o recolhimento de importância correspondente a imposto, taxa, contribuição federal ou receitas patrimoniais de mesma espécie e destinação constitucional.

Posteriormente, os artigos 73[179] e 74[180] da Lei nº 9.430, de 27 de dezembro de 1996, promoveram a derrogação do art. 66 da Lei nº 8.383/91, no que tange aos tributos e contribuições administrados pela Secretaria da Receita Federal. Ademais, o segundo flexibilizou o instituto, ao permitir a compensação quando há crédito do contribuinte decorrente de restituição ou ressarcimento com quaisquer tributos e contribuições, desde que administrados pela RFB.

Estes artigos 73 e 74 vieram a ser regulamentados pela Instrução Normativa SRF nº 21, de 20 de março de 1997, alterada pela Instrução Normativa da SRF nº 73, de 15 de setembro de 1997, que previu a apresentação, pelo contribuinte, do Pedido de Compensação (art. 12, § 3º),

---

[176] Para maiores esclarecimentos sobre o tema, vide o PARECER PGFN/CDA/CAT Nº 1.499/2005. Compensação. Questionamentos apresentados à Coordenação-Geral da Dívida Ativa da União. Art. 74 da Lei nº 9.430/96. Art. 170-A do CTN. Art. 49 da Lei nº 10.637/02. Arts. 17 e 18 da Lei nº 10.833/03. Arts. 4º e 25 da Lei nº 11.051/04. Prazo prescricional, do qual forma extraídos, de forma livre e indireta, vários excertos.

[177] Art. 66. Nos casos de pagamento indevido ou a maior de tributos, contribuições federais, inclusive previdenciárias, e receitas patrimoniais, mesmo quando resultante de reforma, anulação, revogação ou rescisão de decisão condenatória, o contribuinte poderá efetuar a compensação desse valor no recolhimento de importância correspondente a período subseqüente. § 1º A compensação só poderá ser efetuada entre tributos, contribuições e receitas da mesma espécie.

[178] Art. 39. A compensação de que trata o art. 66 da Lei nº 8.383, de 30 de dezembro de 1991, com a redação dada pelo art. 58 da Lei nº 9.069, de 29 de junho de 1995, somente poderá ser efetuada com o recolhimento de importância correspondente a imposto, taxa, contribuição federal ou receitas patrimoniais de mesma espécie e destinação constitucional, apurado em períodos subseqüentes.

[179] Art. 73. Para efeito do disposto no art. 7º do Decreto-lei nº 2.287, de 23 de julho de 1986, a utilização dos créditos do contribuinte e a quitação de seus débitos serão efetuadas em procedimentos internos à Secretaria da Receita Federal, observado o seguinte: I – o valor bruto da restituição ou do ressarcimento será debitado à conta do tributo ou da contribuição a que se referir; II – a parcela utilizada para a quitação de débitos do contribuinte ou responsável será creditada à conta do respectivo tributo ou da respectiva contribuição.

[180] Art. 74. Observado o disposto no artigo anterior, a Secretaria da Receita Federal, atendendo a requerimento do contribuinte, poderá autorizar a utilização de créditos a serem a ele restituídos ou ressarcidos para a quitação de quaisquer tributos e contribuições sob sua administração.

o qual poderia ser apresentado inclusive após o ingresso do pedido de restituição (art. 12, § 4º). O Pedido de Compensação, apesar da sua denominação, possui verdadeira natureza jurídica de pedido de reconhecimento de crédito pelo contribuinte.

O art. 15 desta IN 21/97[181] violou o princípio da legalidade, pois veio a prever a possibilidade de compensação de crédito de um contribuinte com débito de outro, matéria até então não prevista no CTN nem nas demais leis que regiam a matéria.

O tema foi novamente tratado no art. 1º da Instrução Normativa SRF nº 41, de 07 de abril de 2000,[182] a qual veio a corrigir a ilegalidade e vedar a utilização de créditos de terceiros para fins de compensação de débitos relativos a impostos e contribuições administrados pela RFB, revogando o art. 15 da IN 21/97, com ressalvas.

A matéria vinha sendo tratada desta forma até que veio a lume a Lei Complementar nº 104, de 10 de janeiro de 2001, que acrescentou o art. 170-A[183] ao Código Tributário Nacional.

A Lei nº 10.637, de 30 de dezembro de 2002, fruto da conversão da Medida Provisória nº 66, de 29 de agosto de 2002, através do art. 49 da MP convertida, deu nova redação ao art. 74 da Lei nº 9.430/96.

Como aspecto relevante, instituiu a Declaração de Compensação (DCOMP), preenchida e apresentada pelo próprio contribuinte, tendo como principal efeito a extinção do crédito tributário sob condição resolutória de sua ulterior homologação pela autoridade administrativa competente.

O art. 17 da Medida Provisória nº 135, de 30 de outubro de 2003, convertida na Lei nº 10.833, de 29 de dezembro de 2003, promoveu nova alteração no já modificado art. 74 da Lei nº 9.430/96. Relevante destacar que este novel diploma normativo trouxe alterações estru-

---

[181] Art. 15. A parcela do crédito a ser restituído ou ressarcido a um contribuinte, que exceder o total de seus débitos, inclusive os que houverem sido parcelados, poderá ser utilizada para a compensação com débitos de outro contribuinte, inclusive se parcelado. § 1º A compensação de que trata este artigo será efetuada a requerimento dos contribuintes titulares do crédito e do débito, formalizado por meio do formulário "Pedido de Compensação de Crédito com Débito de Terceiros", de que trata o Anexo IV.

[182] Art. 1º. É vedada a compensação de débitos do sujeito passivo, relativos a impostos ou contribuições administrados pela Secretaria da Receita Federal, com créditos de terceiros. Parágrafo único. A vedação referida neste artigo não se aplica aos débitos consolidados no âmbito do Programa de Recuperação Fiscal REFIS e do parcelamento alternativo instituídos pela Medida Provisória nº 2.004-5, de 11 de fevereiro de 2000, bem assim em relação aos pedidos de compensação formalizados perante a Secretaria da Receita Federal até o dia imediatamente anterior ao da entrada em vigor desta Instrução Normativa.

[183] Art. 170-A. É vedada a compensação mediante o aproveitamento de tributo, objeto de contestação judicial pelo sujeito passivo, antes do trânsito em julgado da respectiva decisão judicial.

Extinção do Crédito Tributário

turais, tais como a fixação do prazo de cinco anos para apreciação, por parte da autoridade administrativa, da Declaração de Compensação.

Outrossim, foi explicitado a atribuição à DCOMP o caráter de confissão de dívida e instrumento hábil e suficiente para a exigência dos débitos indevidamente compensados, bem como a disciplina do procedimento a ser adotado pela autoridade administrativa em caso de não homologação da compensação.

Assim, pela legislação, é comunicado ao sujeito passivo da não homologação da compensação e intimado a efetuar o pagamento do débito no prazo de 30 dias. Não sendo efetuado o pagamento nem o parcelamento no prazo previsto, o débito será encaminhado para a Procuradoria-Geral da Fazenda Nacional, para inscrição em Dívida Ativa e posterior executivo fiscal, ressalvada a apresentação, pelo contribuinte, de Manifestação de Inconformidade, cujo conceito e natureza jurídica serão explorados adiante, contra a não homologação da compensação.[184]

O art. 4º, § 3º, da Lei nº 11.051, de 29 de dezembro de 2004, veio novamente a alterar o art. 74[185] da Lei nº 9.430/96, acrescentando-lhe os §§ 12, 13 e 14. A mesma lei, através do seu art. 25, deu nova redação ao art. 18[186] da Lei nº 10.833/03 (fruto da conversão da MP 135/03).

---

[184] O art. 18 da Medida Provisória nº 135/03, convertida na Lei nº 10.833/03, veio a limitar as hipóteses em que é cabível o lançamento de ofício em virtude de compensação indevida.

[185] Art. 74. § 12. Será considerada não declarada a compensação nas hipóteses: I – previstas no § 3º deste artigo; II – em que o crédito: a) seja de terceiros; b) refira-se a "crédito-prêmio" instituído pelo art. 1º do Decreto-Lei nº 491, de 5 de março de 1969; c) refira-se a título público; d) seja decorrente de decisão judicial não transitada em julgado; ou e) não se refira a tributos e contribuições administrados pela Secretaria da Receita Federal – SRF. § 13. O disposto nos §§ 2ºe 5º a 11 deste artigo não se aplica às hipóteses previstas no § 12 deste artigo. § 14. A Secretaria da Receita Federal – SRF disciplinará o disposto neste artigo, inclusive quanto à fixação de critérios de prioridade para apreciação de processos de restituição, de ressarcimento e de compensação.

[186] Art. 18. O lançamento de ofício de que trata o art. 90 da Medida Provisória nº 2.158-35, de 24 de agosto de 2001, limitar-se-á à imposição de multa isolada em razão da não-homologação de compensação declarada pelo sujeito passivo nas hipóteses em que ficar caracterizada a prática das infrações previstas nos arts. 71 a 73 da Lei nº 4.502, de 30 de novembro de 1964. § 1º Nas hipóteses de que trata o *caput*, aplica-se ao débito indevidamente compensado o disposto nos §§ 6º a 11 do art. 74 da Lei nº 9.430, de 27 de dezembro de 1996. § 2 A multa isolada a que se refere o *caput* deste artigo será aplicada no percentual previsto no inciso II do *caput* ou no § 2º do art. 44 da Lei nº 9.430, de 27 de dezembro de 1996, conforme o caso, e terá como base de cálculo o valor total do débito indevidamente compensado. § 3º Ocorrendo manifestação de inconformidade contra a não homologação da compensação e impugnação quanto ao lançamento das multas a que se refere este artigo, as peças serão reunidas em um único processo para serem decididas simultaneamente. § 4º A multa prevista no *caput* deste artigo também será aplicada quando a compensação for considerada não declarada nas hipóteses do inciso II do § 12 do art. 74 da Lei nº 9.430, de 27 de dezembro de 1996.

4.3. A compensação no Direito Tributário

De acordo com o art. 170 do CTN, a compensação requer a existência de lei específica autorizadora de sua realização, prevendo os casos, as condições e as garantias em que a compensação deva ocorrer. Não obstante, o princípio da legalidade envolvido no tema não veda ou impossibilita a regulamentação da matéria, a normatização secundária dos procedimentos, condições e critérios administrativos para a implementação do instituto, com vistas ao cumprimento do princípio constitucional da eficiência a fim de prestigiar a justiça fiscal, principalmente através do princípio da praticidade fiscal, por meio de atos infralegais, tal como os regulamentos e instruções normativas.

Em síntese, o encontro de contas somente será viável se observadas todas as exigências previstas na legislação (CTN, leis e instruções normativas), sob pena de violar-se o princípio da legalidade, bem como o da indisponibilidade do interesse público, afastando-se, como regra geral, o regime do Direito Privado que pode operar-se de forma obrigatória e automática, representado pelos Direitos Civil[187] e Empresarial, em especial pela previsão de regra específica quanto à extinção do crédito tributário pela compensação, a teor do art. 156 do CTN.

4.4. A compensação de crédito de um contribuinte com débito de outro na legislação federal

O que se perquiri é a possibilidade da cessão de créditos a terceiros com a finalidade de compensação no Direito Tributário. Como no Direito Privado, a compensação do regime de Direito Público exige a existência de duas pessoas, simultaneamente credoras e devedoras uma da outra, havendo duas obrigações recíprocas entre as partes.

Contudo, no Direito Tributário as partes têm de ser credora e devedora recíprocas, *ex lege,* a teor da redação do art. 170 do CTN, pois somente admite que se proceda ao encontro de contas entre créditos tributários com créditos do próprio sujeito passivo contra o Fisco.

No Direito Privado, o CC, em seu art. 368,[188] vai na mesma direção, ao prever como essencial à compensação a existência de créditos

---

[187] Art. 1.017. As dívidas fiscais da União, dos Estados e dos Municípios também não podem ser objeto de compensação, exceto os casos de encontro entre a administração e o devedor, autorizados nas leis e regulamentos da Fazenda.

[188] Art. 368, NCC. Se duas pessoas forem ao mesmo tempo credor e devedor uma da outra, as duas obrigações extinguem-se, até onde se compensarem.

Extinção do Crédito Tributário

e débitos recíprocos, ao preconizar a necessidade de serem as partes da relação jurídica credoras e devedoras umas das outras.

Neste diapasão, tendo em vista o disposto no art. 170 do CTN e no art. 74 da Lei n° 9.430/96, o que dispôs o art. 15 da IN SRF n° 21/97, possibilitando a compensação com crédito de terceiro, não encontrava amparo legal.

Assim, os Pedidos de Compensação com créditos de terceiro que, quando da entrada em vigor das Leis nᵒˢ 10.637/02 e 10.833/03, que incluiu o § 4° ao art. 74 da Lei n° 9.430/96, encontravam-se pendentes de análise pela RFB, não estão sujeitos à nova sistemática da Declaração de Compensação – DCOMP.

Neste regime de transição, o encontro de contas pleiteado através de Pedido de Compensação deve ser analisado de acordo com as normas anteriores, que previam a utilização de créditos de terceiro, não se aplicando a sua conversão em Declaração de Compensação.

No mesmo sentido e pelas mesmas razões, por não estarem acobertados pelo art. 74 da Lei n° 9.430/96, com a redação dada pela MP n° 66/02, também não podem ser convertidos em Declaração de Compensação os Pedidos de Compensação pendentes de apreciação quando fundados em: crédito-prêmio instituído pelo art. 1° do Decreto-Lei n° 491, de 05 de março de 1969; créditos que se refiram a títulos públicos; créditos decorrentes de decisão judicial não transitada em julgado e créditos que não se refiram a tributos ou contribuições administrados pela RFB.[189]

4.5. A manifestação de inconformidade na legislação federal

Este instituto jurídico teve os seus efeitos alterados por força da nova redação dada ao art. 74 da Lei n° 9.430/96 pela MP n° 135/03,

---

[189] RESP 200801364507, FRANCISCO FALCÃO, STJ – PRIMEIRA TURMA, 25/08/2008. I – Os artigos 151, III, do CTN e 74, § 11, da Lei n° 9.430/96, que determinam a suspensão da exigibilidade tributária quando houver manifestação de inconformidade do contribuinte, não se aplicam na hipótese de utilização de créditos tributários de terceiros, haja vista que as leis reguladoras do processo tributário não autorizam tal aproveitamento. Precedentes: REsp n° 653.553/MG, Rel. Min. DENISE ARRUDA, DJ de 13.09.2007 e REsp n° 677.874/PR, Rel. Min. ELIANA CALMON , DJ de 24.04.2006. II – "O art. 74 da Lei n. 9.430, de 1996, redação da Lei n. 10.037, de 2002, determina que os créditos apurados perante a Secretaria de Receita Federal só poderão ser utilizados na compensação de débitos próprios e não de terceiros". (REsp n° 939.651/RS, Rel. Min. JOSÉ DELGADO, DJ de 27.02.2008). III – O artigo 170 do CTN está plasmado no sentido de somente admitir que se proceda ao encontro de contas entre créditos fiscais com créditos do próprio sujeito passivo, não fazendo qualquer alusão à possibilidade do aproveitamento de créditos de terceiros na compensação tributária. IV – Recurso especial provido.

com a inclusão dos §§ 7º a 11, ao dar relevo a sua apresentação, pelo contribuinte, contra a não homologação de Declaração de Compensação.

O CTN regulamenta, em seu art. 151,[190] a suspensão da exigibilidade do crédito tributário, no caso de interposição de reclamações ou recursos administrativos, nos termos da lei reguladora do processo administrativo tributário do ente federativo que preveja esta reclamação ou recurso.

A Manifestação de Inconformidade tem natureza jurídica inequívoca de reclamação ou recurso administrativo, aplicada aos processos de compensação, apresentada pelo contribuinte quando o mesmo tem sua declaração de compensação não homologada pela Administração Tributária.

Antes da edição da MP nº 135/03, a Manifestação de Inconformidade foi disciplinada pela Instrução Normativa SRF nº 210, de 30 de setembro de 2002, art. 35,[191] tendo como finalidade principal impugnar o não reconhecimento do direito creditório do contribuinte. Este expediente, aplicável aos processos de compensação, ainda que carecesse de previsão em lei e sem inovar a ordem jurídica, era capaz de levar à suspensão da exigibilidade do crédito tributário, por força do inciso I do art. 100[192] do CTN, tendo força de norma complementar quando expedida pela autoridade competente, que é a Administração Tributária. Cumpria o desiderato do inciso III do art. 151 do CTN e suspendia a exigibilidade do credito tributário.

Neste diapasão, o art. 22, parágrafo único,[193] da IN SRF nº 210/2002 continha ilegalidade insanável ao não se atribuir efeito suspensivo àquela Manifestação de Inconformidade. Assim, com a MP nº 135/03,

---

[190] Art. 151. Suspendem a exigibilidade do crédito tributário: ... III – as reclamações e os recursos, nos termos das leis reguladoras do processo tributário administrativo;

[191] Art. 35. É facultado ao sujeito passivo, no prazo de trinta dias, contado da data da ciência da decisão que indeferiu seu pedido de restituição ou de ressarcimento ou, ainda, da data da ciência do ato que não homologou a compensação de débito lançado de ofício ou confessado, apresentar manifestação de inconformidade contra o não-reconhecimento de seu direito creditório. § 1º Da decisão que julgar a manifestação de inconformidade do sujeito passivo caberá a interposição de recurso voluntário, no prazo de trinta dias, contado da data de sua ciência. § 2º A manifestação de inconformidade e o recurso a que se referem o caput e o § 1º reger-se-ão pelo disposto no Decreto nº 70.235, de 6 de março de 1972, e alterações posteriores. § 3º O disposto no caput não se aplica às hipóteses de lançamento de ofício de que trata o art. 23.

[192] Art. 100. São normas complementares das leis, dos tratados e das convenções internacionais e dos decretos: I – os atos normativos expedidos pelas autoridades administrativas; (...)

[193] Art. 22 (...) Parágrafo único. Não ocorrendo o pagamento ou o parcelamento no prazo previsto no *caput*, o débito deverá ser encaminhado à Procuradoria da Fazenda Nacional (PFN), para inscrição em Dívida Ativa da União, independentemente da apresentação, pelo sujeito passivo, de manifestação de inconformidade contra o não-reconhecimento de seu direito creditório.

Extinção do Crédito Tributário

convertida na Lei nº 10.833/03, que alterou a Lei nº 9.430/96, a situação não se alterou, pois não passou a prever, a teor do § 9º do seu art. 74, um instituto novo, também denominado Manifestação de Inconformidade, atribuindo-lhe eficácia suspensiva (§§ 9º e 11),[194] mas sim explicitando o que já existia.[195]

4.6. Manifestação de inconformidade pendente de apreciação quando da entrada em vigor da Medida Provisória nº 135/03 na legislação federal

A Manifestação de Inconformidade que, na data da entrada em vigor da MP nº 135/03, encontrava-se pendente de apreciação, inclusive, em alguns casos, com os créditos correspondentes já inscritos em DAU ilegalmente, continuou a suspender a exigibilidade, não se podendo falar em aplicação retroativa.

Ainda que assim não fosse, o art. 106 do CTN[196] estabelece que a legislação tributária aplica-se a ato ou fato pretérito, em qualquer caso, quando seja expressamente interpretativa, excluída a aplicação de penalidade à infração dos dispositivos interpretados, o que calha à fiveleta com o caso em debate.

Supondo, assim, que são institutos distintos aqueles regidos pela IN e pela MP, a nova norma veiculada deve retroagir para conferir a

---

[194] "Art. 74 (...) § 9º É facultado ao sujeito passivo, no prazo referido no § 7º, apresentar manifestação de inconformidade contra a não-homologação da compensação. (...) § 11. A manifestação de inconformidade e o recurso de que tratam os §§ 9º e 10 obedecerão ao rito processual do Decreto nº 70.235, de 6 de março de 1972, e enquadram-se no disposto no inciso III do art. 151 da Lei nº 5.172, de 25 de outubro de 1966 – Código Tributário Nacional, relativamente ao débito objeto da compensação. (Incluído pela Lei nº 10.833, de 29.12.2003).

[195] EDRESP 200701964359, ELIANA CALMON, STJ – SEGUNDA TURMA, 01/07/2009. 1. A Lei 10.833/2003, ao acrescentar os §§ 7º a 12 ao art. 74 da Lei 9.430/96, veio positivar no ordenamento jurídico a orientação jurisprudencial de que a "manifestação de inconformidade" suspende a exigibilidade do crédito tributário, conforme consta do § 11, transcrito a seguir: "A manifestação de inconformidade e o recurso de que tratam os §§ 9º e 10 obedecerão ao rito processual do Decreto nº 70.235, de 6 de março de 1972, e enquadram-se no disposto no inciso III do art. 151 da Lei nº 5.172, de 25 de outubro de 1966 – Código Tributário Nacional, relativamente ao débito objeto da compensação. 2. Embargos de declaração acolhidos, sem efeitos modificativos quanto ao resultado do julgamento, apenas para prestar esclarecimentos.

[196] Art. 106. A lei aplica-se a ato ou fato pretérito: I – em qualquer caso, quando seja expressamente interpretativa, excluída a aplicação de penalidade à infração dos dispositivos interpretados; II – tratando-se de ato não definitivamente julgado: a) quando deixe de defini-lo como infração; b) quando deixe de tratá-lo como contrário a qualquer exigência de ação ou omissão, desde que não tenha sido fraudulento e não tenha implicado em falta de pagamento de tributo; c) quando lhe comine penalidade menos severa que a prevista na lei vigente ao tempo da sua prática.

suspensão da exigibilidade aos casos pretéritos, ainda que inscritos em DAU.

4.7. Declaração de Compensação (DCOMP) como confissão de dívida na legislação federal

Aspecto importante a ser tratado diz respeito ao § 6º do art. 74 da Lei nº 9.430/96,[197] incluído pela MP nº 135/03, que atribui à Declaração de Compensação o caráter de confissão de dívida e instrumento hábil e suficiente para a exigência dos débitos indevidamente compensados através de ajuizamento direto da execução fiscal, sem a necessidade de lançamento tributário.

A dúvida é se os créditos vinculados a Pedidos de Compensação, convertidos em DCOMPS, e as DCOMPS apresentadas antes da entrada em vigor da retrocitada MP 135/03, desde que posteriormente não homologados, podem ser exigidos de modo direto ou dependem de prévio procedimento de lançamento tributário.

Importante salientar que, quando o sujeito passivo envia a DCOMP, ele faz a discriminação dos créditos e também dos débitos objeto da compensação, de modo que estes débitos encontrar-se-ão confessados a partir do momento da entrega da declaração, constituindo, em tese, com base na declaração do próprio contribuinte, o crédito tributário, conforme construção jurisprudencial do STJ.

A RFB pode, na hipótese de não reconhecimento do pleito creditório, ou seja, não homologação da compensação, aplicar a regra dos §§ 7º a 11 do art. 74, da Lei nº 9.430/96, na redação dada pela MP nº 135/2003, comunicando o sujeito passivo da não homologação da compensação e intimando-o a efetuar o pagamento do débito no prazo de 30 dias.

Não sendo implementado o pagamento nem o parcelamento, o débito será encaminhado para a Procuradoria da Fazenda Nacional para inscrição em Dívida Ativa para posterior ajuizamento do executivo fiscal, ressalvada a apresentação, pelo sujeito passivo, de Manifestação de Inconformidade contra a não homologação da compensação.

Entendemos que a edição da MP nº 135/2003, posteriormente convertida na Lei nº 10.833/03, a qual modificou o art. 74 da Lei

---

[197] § 6º A declaração de compensação constitui confissão de dívida e instrumento hábil e suficiente para a exigência dos débitos indevidamente compensados.

Extinção do Crédito Tributário

nº 9.430/96, atribuindo à declaração de compensação (DCOMP) o caráter de confissão de dívida, não tem aplicação retroativa, não alcançando as DCOMPS apresentadas antes da sua entrada em vigor, bem como os pedidos de compensação convertidos em declarações de compensação (DCOMPs).

Assim, apenas as Declarações de Compensação (DCOMPS) apresentadas à Receita Federal do Brasil após 31/10/2003, data da publicação e entrada em vigor da MP nº 135/2003, constituem-se em confissões de dívida e instrumentos hábeis e suficientes para a exigência dos débitos indevidamente compensados através do executivo fiscal, dispensado o lançamento tributário. Antes da referida norma, o crédito teria de ser constituído por outra modalidade, lançamento efetivo ou outra declaração, tal qual a DCTF, como modalidade de lançamento ficto.

Por oportuno, cumpre destacar que o disposto no § 6º do art. 74 da Lei nº 9.430/96 também não se aplica às compensações apresentadas após 30/12/2004, data da publicação e entrada em vigor da Lei nº 11.051/04, a qual veio a definir quais modalidades de créditos tributários são consideradas não declaradas, a teor dos §§ 12 e 13 daquele dispositivo legal, acrescentados pela Lei nº 11.051/04.

4.8. Compensação com créditos decorrentes de decisão judicial não transitada em julgado na legislação federal

A teor do preceituado pela LC nº 104/01, que acrescentou o art. 170-A[198] ao Código Tributário Nacional, constitui-se óbice à compensação o aproveitamento de tributo com base em decisão judicial não transitada em julgado, pelo que não são passíveis de homologação as declarações apresentadas nessas circunstâncias. Não obstante, as homologações havidas antes da entrada em vigor da referida LC por ela não são atingidas, uma vez que não pode haver efeito retroativo.

Ressalte-se que apenas as compensações pretendidas após a entrada em vigor desta LC devem ser consideradas não declaradas, o que não se confunde com os efeitos diversos daqueles advindos da declaração de não homologação do encontro de contas declarado pelo sujeito passivo antes da entrada em vigor da LC 104/01.

---

[198] Art. 170-A. É vedada a compensação mediante o aproveitamento de tributo, objeto de contestação judicial pelo sujeito passivo, antes do trânsito em julgado da respectiva decisão judicial.

Como não houve declaração e, portanto, confissão de dívida, deve a autoridade tributária constituir os créditos tributários que ainda não tenham sido lançados de ofício nem confessados, e apenas cobrar aqueles débitos já lançados de ofício ou objeto de confissão, como por exemplo os declarados em DCTF.

Nestes casos de compensações consideradas não declaradas, aplica-se o novel § 13 da Lei nº 9.430/96, de modo que o débito não é extinto e o sujeito passivo não faz jus aos prazos e aos recursos facultados aos declarantes regulares, como por exemplo a Manifestação de Inconformidade.[199]

4.9. Prazo prescricional para cobrança do crédito tributário declarado pelo sujeito passivo mediante a entrega da DCOMP na legislação federal

Questão crucial diz respeito ao prazo prescricional para cobrança do crédito tributário declarado pelo sujeito passivo mediante a entrega da Declaração de Compensação – DCOMP –, quando o encontro de contas não haja sido homologado pela Administração Tributária.

No CTN, a prescrição é uma das modalidades de extinção do próprio crédito tributário (art. 156, V) e está previsto no art. 174,[200] *caput*. Nos casos de créditos declarados por DCOMP, este já pode ter sido constituído anteriormente, no sentido ficto, por exemplo, pela apresentação da DCTF, ou por meio de lançamento de ofício, casos em que, por construção pretoriana do STJ, a prescrição já teve seu curso iniciado.

Outrossim, não constituído, seja pela ausência de lançamento de ofício, seja pela não apresentação da DCTF, pode sê-lo com o ato de

---

[199] RESP 200801283734, CASTRO MEIRA, STJ – SEGUNDA TURMA, 31/03/2009. (...) 2. Considera-se não declarada a compensação na hipótese em que o crédito seja de terceiro ou decorrente de decisão judicial não transitada em julgado (Lei 9.430/96, art. 74, § 12, alíneas "a" e "d"), ficando afastada a possibilidade de apresentação de "manifestação de inconformidade" e, em consequência, de suspensão da exigibilidade do crédito (§ 13 do referido dispositivo legal). 3. A "manifestação de inconformidade" passou a ter eficácia suspensiva da exigibilidade do crédito tributário com a edição da Lei 10.833/03, que introduziu os §§ 9º a 11 ao art. 74 da Lei 9.430/96. 4. Recurso especial conhecido em parte e não provido.

[200] Art. 174. A ação para a cobrança do crédito tributário prescreve em 5 (cinco) anos, contados da data da sua constituição definitiva. Parágrafo único. A prescrição se interrompe: I – pela citação pessoal feita ao devedor; II – pelo protesto judicial; III – por qualquer ato judicial que constitua em mora o devedor; IV – por qualquer ato inequívoco ainda que extrajudicial, que importe em reconhecimento do débito pelo devedor.

Extinção do Crédito Tributário

entrega da Declaração de Compensação – DCOMP –, nos termos do art. 74, § 6°, da Lei n° 9.430/96.

Neste diapasão, o crédito tributário compensado pelo sujeito passivo mediante a entrega da Declaração de Compensação prevista no art. 74 da Lei n° 9.430, de 27 de dezembro de 1996, com a redação determinada pelo art. 49 da Lei n° 10.637, de 30 de dezembro de 2002, e pelo art. 17 da Lei n° 10.833, de 29 de dezembro de 2003, ao qual foi atribuído o caráter de confissão de dívida, à luz do parágrafo único do art. 174 do CTN, interrompe a prescrição da ação para a cobrança do crédito tributário, ao mesmo tempo em que extingue o crédito tributário sob condição resolutória da ulterior homologação da compensação, conforme disposto no § 2° do art. 74 da Lei n° 9.430/96.[201]

Assim, durante o período em que a Administração dispõe para homologar ou não a compensação efetuada, não se há de falar em prescrição. Portanto, enquanto não expressar sua discordância com o encontro de contas realizado pelo contribuinte, resta impossível o exercício do direito de ação, através do executivo fiscal, pois não existe crédito a ser cobrado, não se podendo falar em prescrição.

De outra banda, uma vez não homologada a compensação, o crédito tributário, outrora extinto, sob condição resolutória, é restabelecido, o mesmo ocorrendo com o prazo prescricional, que foi interrompido ou não teve sua contagem iniciada, mas que começa ou recomeça a fluir, tão somente a partir da não homologação.

Este raciocínio não se aplica para as DCOMPs apresentadas a partir de 30/12/2004, data do início da vigência da Lei n° 11.051/04, e consideradas não declaradas. Isto porque, no caso de compensações consideradas não declaradas, aplica-se o recém incluído § 13 do art. 74 da Lei n° 9.430/96, de modo que não há a confissão de dívida, não sendo o débito extinto e não fazendo o sujeito passivo jus aos prazos e recursos facultados aos declarantes regulares, tal como a manifestação de inconformidade.

Nesta hipótese, a autoridade fazendária, por não ter havido a confissão de dívida, através da declaração, deve constituir os créditos tributários que ainda não tenham sido lançados de ofício nem confessados, tal como através de DCTF, e apenas cobrar, dentro do prazo prescricional, aqueles débitos já lançados de ofício ou objeto de confissão.

---

[201] O prazo para a Fazenda Pública homologar a compensação declarada pelo sujeito passivo, conforme previsto no § 5° do art. 74 da Lei n° 9.430, de 1996, é de 5 (cinco) anos, contado da data da entrega da declaração de compensação.

4.10. Modalidades de compensação na legislação federal

Na esfera federal, antes do advento da MP n° 66/02, convertida na Lei n° 10.637/2002, existiam três modalidades de compensação: a) a realizada pelo contribuinte no regime de lançamento por homologação, com suporte no art. 66 da Lei n° 8.383/91; b) a pleiteada pelo contribuinte à Administração e por esta efetuada, com suporte no art. 74 da Lei n° 9.430/96; c) a realizada de ofício pela Administração no seu interesse, com suporte no DL n° 2.287/86 c/c o art. 73 da Lei n° 9.430/96.

A primeira só podia ser feita entre tributos da mesma espécie e destinação, enquanto que a segunda podia abranger quaisquer tributos administrados pela SRF. Estas duas modalidades, no novo regime decorrente da MP n° 66/02, convertida na Lei n° 10.637/02, foram concentradas em uma única modalidade na qual o contribuinte realiza a compensação, no regime de autolançamento, com quaisquer tributos administrados pela RFB.[202]

A legislação superveniente na esfera federal, que pode ser tida como modelo para os demais entes políticos, fulcrada na MP n° 66/02 e na Lei n° 10.637/02, tem efeito imediato sobre os processos de compensação em curso. A nova norma permite a compensação, pelo próprio contribuinte, com quaisquer tributos administrados pela SRF, tornando sem sentido as discussões pendentes acerca de com quais tributos poderia ser efetuada a compensação de determinado indébito.

A terceira modalidade de compensação é aquela efetuada de ofício pela Administração, na forma do art. 7° do DL n° 2.287/86, Decreto n° 2.138/97 c/c o art. 73 da Lei n° 9.430/96. A administração, diante de pedido de restituição de tributos ou de ressarcimento de crédito prêmio de algum tributo formulado pelo contribuinte deve verificar se ele possui alguma pendência, efetuando, então, a compensação do montante a ressarcir com o montante por ele devido no seu próprio interesse. Sacha Calmon aduz que esta forma de compensação é inconstitucional e ilegal, pois a Fazenda dá um salto sobre a execução fiscal e sobre o direito de defesa do contribuinte contra o débito que se lhe imputa, em sede de embargos.[203] Não podemos concordar com esta tese. O instituto da compensação visa justamente a extinguir obrigações e créditos tributários recíprocos. O interesse público, no caso,

---

[202] PAULSEN, op. cit., p. 1150/1153.

[203] COELHO, A compensação do art. 170-A do CTN, Repertório IOB de Jurisprudência 1/2001, 1/16679.

Extinção do Crédito Tributário

deve prevalecer em face do interesse privado, pois a solução é muito mais pragmática do que obrigar a Fazenda Pública a manejar uma execução fiscal para reaver o que lhe é devido.

O STJ, em Recurso Repetitivo, consolidou a tese de que o art. 6º e parágrafos do Dec. nº 2.138/1997, bem como as instruções normativas da Secretaria da Receita Federal que regulamentam a compensação de ofício no âmbito da Administração tributária federal (arts. 6º, 8º e 12 da IN nº 21/1997-SRF; art. 24 da IN nº 210/2002-SRF; art. 34 da IN nº 460/2004-SRF; art. 34 da IN nº 600/2005-SRF, art. 49 da IN nº 900/2008-SRF e art. 61 da IN nº 1.300/2012-SRF, por simetria) extrapolaram o art. 7º do DL nº 2.287/1986, tanto em sua redação original quanto na redação atual dada pelo art. 114 da Lei nº 11.196/05, somente no que diz respeito à imposição da compensação de ofício aos débitos do sujeito passivo cuja exigibilidade se encontra suspensa, na forma do art. 151 do CTN (*v.g.* débitos inclusos no Refis, Paes, Paex etc.).

Aduziu a corte que fora dos casos previstos no art. 151 do CTN, a compensação de ofício é ato vinculado da Fazenda Pública Federal a que deve se submeter o sujeito passivo, inclusive sendo lícitos os procedimentos de concordância tácita e retenção previstos nos §§ 1º e 3º do art. 6º do Dec. nº 2.138/97.[204] A tese é lógica e coerente e com ela nos alinhamos.

A compensação declarada extingue o crédito tributário sob condição resolutória, ou seja, produz efeitos imediatos, sujeitando-se, contudo, à fiscalização, sendo que a Administração, entendendo indevida a compensação, poderá proceder à sua resolução comunicando o sujeito passivo da não homologação e intimando-o a efetuar o pagamento no prazo de trinta dias, sob pena de lançamento de ofício com aplicação de penalidade pecuniária.

O prazo para homologação da compensação, na forma do § 5º do art. 74 da Lei nº 9.430/96, alterado pela lei nº 10.833/03, decorrente da conversão da MP nº 135/2003, é de cinco anos contado da data da entrega da Declaração de Compensação. Não se trata de pagamento sujeito à homologação, mas de compensação efetuada pelo contribuinte que passa a ser do conhecimento do Fisco com a apresentação da Declaração.

Leandro Paulsen faz resenha legislativa da compensação fora do âmbito da RFB. Afirma que perante o INSS e outros entes federais que continham capacidade tributária ativa, aplica-se o art. 66 da Lei

---

[204] REsp 1.213.082-PR, Rel. Min. Mauro Campbell Marques, julgado em 10/8/2011.

nº 8.383/91 c/c o art. 89 da Lei nº 8.212/91, com a redação dada pela Lei nº 9.129/95. O art. 66 da Lei nº 8.383/91 estabelece a possibilidade de o contribuinte compensar-se do que pagara indevidamente a título de determinado tributo com o montante devido em período subsequente relativamente a tributo da mesma espécie.

A Lei nº 9.069/95, alterando a redação do art. 66 da Lei nº 8.383/91, passou a exigir que fossem da mesma espécie e destinação constitucional. O art. 89 da Lei nº 8.212/91, com a redação dada pela Lei nº 9.129/95, dispõe especificamente sobre as compensações da seguridade social administradas pelo INSS, estabelecendo limite de 30% no montante mensal das contribuições vincendas passíveis de sofrerem compensação.

Alguns doutrinadores defendiam, por analogia, a aplicação, perante o INSS, do novo regime de compensação trazido pela Lei nº 10.637/02. Contudo, contribuições previdenciárias só se compensavam com contribuições previdenciárias. A compensação requeria que as mesmas pessoas fossem credoras e devedoras umas das outras, no caso, o INSS.

Destarte, não bastava a identidade de sujeitos, pois não haveria a possibilidade de compensação entre contribuições previdenciárias com as contribuições destinadas a terceiros (como aquelas destinadas ao sistema "S", SEBRAE, SESC, SENAC, SESI, SENAI, SEST, SENAT, etc.), não obstante fosse o INSS dotado de capacidade tributária ativa para arrecadar todas estas contribuições, pois elas teriam destinação constitucional diversa.[205] [206]

É importante ressaltar que, com a criação da Secretaria da Receita Federal do Brasil através da edição da Lei nº 11.457/2007 (a famosa "Super-Receita"), a questão acima se esvaziou, pelo menos na esfera federal. Isso porque, atualmente, a União (Fazenda Nacional) passa a ter legitimidade passiva para todas as ações que discutam créditos tributários federais, sejam eles destinados ou não as atividades desenvolvidas pelas autarquias (INSS, IBAMA etc.). As contribuições previdenciárias, por exemplo, que levavam o INSS a ingressar ao feito como réu nas ações tributárias, hoje fazem a União figurar no polo

---

[205] PAULSEN, op. cit., *p.* 1157.

[206] http://www.stj.gov.br/institucional/informativo/225. Acesso em: 18 nov. 2004. A Turma decidiu que é incabível a compensação entre a contribuição incidente sobre a folha de salários devidos por empresas urbanas ao Incra com outras contribuições sobre a folha de salários. Na espécie, não tem aplicação o § 1º do art. 66 da Lei n. 8.383/1991, pois a contribuição para o Incra (prevista na LC n. 11/1971, art. 5º, II, e extinta pelo art. 3º, § 1º, da Lei n. 7.787/1989) não se destinava a financiar a Seguridade Social, mas o custeio do Programa de Assistência ao Trabalhador Rural. Precedentes citados: REsp 443.496-PR, DJ 13/9/2004, e REsp 573.703-PR, DJ 24/5/2004. REsp 615.463-RS, Rel. Min. Franciulli Netto, julgado em 19/10/2004.

passivo da demanda judicial. O mesmo ocorre no polo ativo das execuções fiscais desse tipo de tributação, antes afeita ao INSS. É o que se observa no art. 16[207] da Lei nº 11.457 /07.

Poder-se-ia afirmar que, de acordo com o art. 26, parágrafo único, da Lei nº 11.457, de 2007, o disposto no art. 74 da Lei nº 9.430, de 27 de dezembro de 1996, não se aplicaria às contribuições sociais a que se refere o art. 2º daquela Lei, ou seja, as contribuições sociais previstas nas alíneas a, b e c do parágrafo único do art. 11 da Lei nº 8.212, de 24 de julho de 1991, e das contribuições instituídas a título de substituição, denominadas pela doutrina como Contribuições Patronais, a saber: (a) as das empresas, incidentes sobre a remuneração paga ou creditada aos segurados a seu serviço; (Vide art. 104 da Lei nº 11.196, de 2005); b) as dos empregadores domésticos; c) as dos trabalhadores, incidentes sobre o seu salário de contribuição.[208]

Não obstante, o STJ já decidiu de forma contrária em precedente, interpretação com a qual nos filiamos, no sentido de que a Lei

---

[207] Art. 1º A Secretaria da Receita Federal passa a denominar-se Secretaria da Receita Federal do Brasil, órgão da administração direta subordinado ao Ministro de Estado da Fazenda. Art. 2º Além das competências atribuídas pela legislação vigente à Secretaria da Receita Federal, cabe à Secretaria da Receita Federal do Brasil planejar, executar, acompanhar e avaliar as atividades relativas a tributação, fiscalização, arrecadação, cobrança e recolhimento das contribuições sociais previstas nas alíneas *a, b e c* do parágrafo único do art. 11 da Lei nº 8.212, de 24 de julho de 1991, e das contribuições instituídas a título de substituição. (Vide Decreto nº 6.103, de 2007). § 1º O produto da arrecadação das contribuições especificadas no *caput* deste artigo e acréscimos legais incidentes serão destinados, em caráter exclusivo, ao pagamento de benefícios do Regime Geral de Previdência Social e creditados diretamente ao Fundo do Regime Geral de Previdência Social, de que trata o art. 68 da Lei Complementar nº 101, de 4 de maio de 2000. § 2º Nos termos do art. 58 da Lei Complementar nº 101, de 4 de maio de 2000, a Secretaria da Receita Federal do Brasil prestará contas anualmente ao Conselho Nacional de Previdência Social dos resultados da arrecadação das contribuições sociais destinadas ao financiamento do Regime Geral de Previdência Social das compensações a elas referentes. § 3º As obrigações previstas na Lei nº 8.212, de 24 de julho de 1991, relativas às contribuições sociais de que trata o *caput* deste artigo serão cumpridas perante a Secretaria da Receita Federal do Brasil. § 4º Fica extinta a Secretaria da Receita Previdenciária do Ministério da Previdência Social. Art. 3º As atribuições de que trata o art. 2º desta Lei se estendem às contribuições devidas a terceiros, assim entendidas outras entidades e fundos, na forma da legislação em vigor, aplicando-se em relação a essas contribuições, no que couber, as disposições desta Lei. (...)

[208] Art. 2º Além das competências atribuídas pela legislação vigente à Secretaria da Receita Federal, cabe à Secretaria da Receita Federal do Brasil planejar, executar, acompanhar e avaliar as atividades relativas a tributação, fiscalização, arrecadação, cobrança e recolhimento das contribuições sociais previstas nas alíneas *a, b e c* do parágrafo único do art. 11 da Lei nº 8.212, de 24 de julho de 1991, e das contribuições instituídas a título de substituição. (Vide Decreto nº 6.103, de 2007). Art. 26 (...). Parágrafo único. O disposto no art. 74 da Lei nº 9.430, de 27 de dezembro de 1996, não se aplica às contribuições sociais a que se refere o art. 2º desta Lei. Art. 11. No âmbito federal, o orçamento da Seguridade Social é composto das seguintes receitas: I – receitas da União; II – receitas das contribuições sociais; III – receitas de outras fontes. Parágrafo único. Constituem contribuições sociais: a) as das empresas, incidentes sobre a remuneração paga ou creditada aos segurados a seu serviço; (Vide art. 104 da lei nº 11.196, de 2005) b) as dos empregadores domésticos; c) as dos trabalhadores, incidentes sobre o seu salário-de-contribuição (Vide art. 104 da Lei nº 11.196, de 2005); d) as das empresas, incidentes sobre faturamento e lucro; e) as incidentes sobre a receita de concursos de prognósticos.

nº 11.457/07, que criou a Secretaria da Receita Federal do Brasil, para a qual foram transferidas as competências da Secretaria da Receita Federal, foi também transferida, pelo seu art. 26, da Procuradoria-Geral Federal para a Procuradoria-Geral da Fazenda Nacional, a incumbência da representação judicial e extrajudicial relacionada ao contencioso fiscal e à execução da Dívida Ativa do INSS relativa às contribuições sociais previstas nas alíneas "a", "b" e "c", do parágrafo único do art. 11 da Lei nº 8.212, de 24 de julho de 1991, às contribuições instituídas a título de substituição a essas e às devidas a terceiros.[209]

Os acréscimos legais, como a correção monetária, os juros de mora e as penalidades pecuniárias, também podem ser compensados como se tributos fossem. Este é o melhor entendimento, pois estes acréscimos estão incluídos no conceito mais amplo de crédito tributário.[210] Entretanto, existem decisões no sentido da impossibilidade desta compensação.[211]

---

[209] Processo AgRg nos EDcl no Ag 960034/MG AGRAVO REGIMENTAL NOS EMBARGOS DE DECLARAÇÃO NO AGRAVO DE INSTRUMENTO 2007/0221298-8 Relator(a) Ministra ELIANA CALMON (1114) Órgão Julgador T2 – SEGUNDA TURMA Data do Julgamento 26/08/2008 Data da Publicação/Fonte DJe 18/09/2008 Ementa PROCESSUAL CIVIL – EMBARGOS DE DECLARAÇÃO AVIADOS PELA FAZENDA NACIONAL: ILEGITIMIDADE – LEI 11.457/2007 – ALEGAÇÃO PRECLUSA – TAXA SELIC CUMULADA COM JUROS DE MORA DO ART. 167, PARÁGRAFO ÚNICO, DO CTN – COISA JULGADA – INCIDÊNCIA. 1. Com a Lei 11.457/2007, que criou a Secretaria da Receita Federal do Brasil, para a qual foram transferidas as competências da Secretaria da Receita Federal, foi também transferida, pelo seu art. 26, da Procuradoria-Geral Federal para a Procuradoria-Geral da Fazenda Nacional, a incumbência da representação judicial e extrajudicial relacionada ao contencioso fiscal e à execução da Dívida Ativa do INSS relativa às contribuições sociais previstas nas alíneas "a", "b" e "c", do parágrafo único do art. 11 da Lei nº 8.212, de 24 de julho de 1991, às contribuições instituídas a título de substituição a essas e às devidas a terceiros. 2. Hipótese em que a questão relativa à ausência de interesse recursal da UNIÃO, em razão de causa legislativa superveniente decorrente da edição da Lei 11.457/07, deveria ter sido suscitada pela agravante na primeira oportunidade em que falou nos autos (impugnação aos embargos de declaração – fls. 341/346), sob pena de preclusão. 3. Encontra-se pacificado o entendimento de que, nos casos em que a sentença exeqüenda tenha sido proferida após a entrada em vigor da Lei 9.250/95, com expressa indicação da incidência de juros de mora no percentual de 1% ao mês, a Taxa SELIC não pode ser aplicada em sede de execução, sob pena de afronta à coisa julgada, tendo em vista que sua composição engloba juros e correção monetária. 4. Situação dos autos na qual operou-se o trânsito em julgado, sem impugnação tempestiva pelo INSS ou pela UNIÃO, de sentença proferida após a edição da Lei 9.250/95 que cumulou a aplicação dos índices oficiais de correção monetária utilizados pelo fisco para cobrança de seus créditos (o que inclui a Taxa SELIC) e os juros de mora previstos no art. 167, parágrafo único, do CTN. 5. Agravo regimental parcialmente provido.

[210] TRIBUNAL – QUARTA REGIÃO. AC 573873. Órgão Julgador: PRIMEIRA TURMA. Data da decisão: 25/06/2003. Relator(a) JUÍZA MARIA LÚCIA LUZ LEIRIA. Multas e juros. Compensação com o mesmo tributo a que se refiram ou com outro da mesma espécie e destinação. "MULTA MORATÓRIA... COMPENSAÇÃO. 1. (...) 2. Permitida a compensação da multa recolhida indevidamente com contribuições previdenciárias em virtude de seu caráter acessório em relação ao tributo (...).

[211] STJ – EDRESP 323787. Órgão Julgador: PRIMEIRA SEÇÃO. Data da decisão: 14/08/2002. Relator(a) GARCIA VIEIRA. A compensação prevista no artigo 66 da Lei nº 8.383/91 não abrange a hipótese de compensação entre créditos de natureza não tributária (multas) com tributos

Extinção do Crédito Tributário

Outrossim, a autocompensação, seja a da Lei n° 9.430/96, seja a da Lei n° 8.383/91, independe de prévia definição administrativa ou judicial sobre a liquidez do crédito e do débito. Busca-se no Poder Judiciário o direito subjetivo, não reconhecido na esfera administrativa, de um provimento judicial que declare que os créditos do contribuinte são compensáveis.

Poderá, assim, o contribuinte socorrer-se pela via do mandado de segurança ou da ação declaratória. No caso da via mandamental, o STJ já exarou a Súmula n° 213, com o seguinte teor: "O mandado de segurança constitui ação adequada para a declaração do direito à compensação tributária".

Interessante pontuar que na seara do mandado de segurança a matéria ganhou tratamento peculiar e detalhado na jurisprudência do STJ. Assentou esta corte que a extensão do âmbito probatório está intimamente relacionada com os limites da pretensão nele deduzida. Tratando-se de impetração que se limita, com base na Súmula n° 213, a ver reconhecido o direito de compensar (que tem como pressuposto um ato da autoridade de negar a compensabilidade), mas sem fazer juízo específico sobre os elementos concretos da própria compensação, a prova exigida é a da condição de credora tributária.

Todavia, será indispensável prova pré-constituída específica quando à declaração de compensabilidade a impetração agrega pedido de juízo sobre os elementos da própria compensação (reconhecimento do indébito tributário que serve de base para a operação de compensação, acréscimos de juros e correção monetária sobre ele incidentes, inexistência de prescrição do direito de compensar), ou pedido de outra medida executiva que tem como pressuposto a efetiva realização da compensação (expedição de certidão negativa, suspensão da exigibilidade dos créditos tributários contra os quais se opera a compensação). Nesse caso, o reconhecimento da liquidez e certeza do direito afirmado depende da comprovação dos elementos concretos da operação realizada ou que o impetrante pretende realizar.[212]

---

propriamente ditos. Provido o recurso especial, deve haver a inversão dos ônus sucumbenciais. Embargos conhecidos e providos para sanar as omissões, concedendo-lhes efeitos modificativos quanto à inversão da sucumbência.

[212] RECURSO REPETITIVO. MS. COMPENSAÇÃO TRIBUTÁRIA. PROVA PRÉ-CONSTITUÍDA. A Seção, ao apreciar o REsp como recurso repetitivo (Res. n. 8/2008-STJ e art. 543-C do CPC), reiterou o entendimento de que, no que se refere a mandado de segurança sobre compensação tributária, a extensão do âmbito probatório está intimamente relacionada com os limites da pretensão nele deduzida. Tratando-se de impetração que se limita, com base na Súm. n. 213-STJ, a ver reconhecido o direito de compensar (que tem como pressuposto um ato da autoridade de negar a compensabilidade), mas sem fazer juízo específico sobre os elementos concretos da própria compensação, a prova exigida é a da condição de credora tributária. Todavia, será indispensável prova pré-constituída específica quando à declaração de compensabilidade a im-

Entretanto, na via judicial, seja por qualquer tipo de ação, não pode haver compensação em sede de tutela de urgência (antecipação de tutela, liminar em mandado de segurança e liminar em ação cautelar). A matéria já estava sumulada nos termos do verbete nº 212,[213] do STJ, quando a LC nº 104/2001 inseriu o art. 170-A,[214] já comentado, no CTN, dispondo expressamente que fica vedada a compensação de tributos antes do trânsito em julgado da respectiva decisão judicial.

Portanto, caso o contribuinte não queira sujeitar-se aos limites impostos pela lei que autoriza a compensação, deverá socorrer-se, inevitavelmente, da via judicial. Para exemplificar, trago à baila a questão das alterações legislativas que implementaram limites ao montante a ser compensado na esfera federal, no que tange às contribuições para a Seguridade Social, pelas Leis nº 9.032/95 e nº 9.129/95. Conforme já exposto anteriormente, a discussão judicial se assentou no sentido de que a lei que rege a compensação é aquela vigente na data do encontro de contas.[215]

---

petração agrega pedido de juízo sobre os elementos da própria compensação (reconhecimento do indébito tributário que serve de base para a operação de compensação, acréscimos de juros e correção monetária sobre ele incidentes, inexistência de prescrição do direito de compensar), ou pedido de outra medida executiva que tem como pressuposto a efetiva realização da compensação (expedição de certidão negativa, suspensão da exigibilidade dos créditos tributários contra os quais se opera a compensação). Nesse caso, o reconhecimento da liquidez e certeza do direito afirmado depende da comprovação dos elementos concretos da operação realizada ou que o impetrante pretende realizar. No caso, foram deduzidas pretensões que supõem a efetiva realização da compensação (suspensão da exigibilidade dos créditos tributários abrangidos pela compensação, até o limite do crédito da impetrante e expedição de certidões negativas), o que torna imprescindível, para o reconhecimento da liquidez e certeza do direito afirmado, a pré-constituição da prova dos recolhimentos indevidos. Precedentes citados: EREsp 116.183-SP, DJ 27/4/1998, e EREsp 903.367-SP, DJe 22/9/2008. REsp 1.111.164-BA, Rel. Min. Teori Albino Zavascki, julgado em 13/5/2009. STJ Inf. nº 394.

[213] Súmula 212. A compensação de créditos tributários não pode ser deferida por medida liminar. Na sessão de 11/05/2005, a Primeira Seção deliberou pela alteração da Súmula nº 212 que passou a ter a seguinte redação: "A compensação de créditos tributários não pode ser deferida em ação cautelar ou por medida liminar cautelar ou antecipatória".

[214] Art. 170-A. É vedada a compensação mediante o aproveitamento de tributo, objeto de contestação judicial pelo sujeito passivo, antes do trânsito em julgado da respectiva decisão judicial.

[215] AGRESP 200702497108, LUIZ FUX, STJ – PRIMEIRA TURMA, 27/05/2009. (...) 9. A Lei 11.457, de 16 de março de 2007, outrossim, ampliou as competências atribuídas à Secretaria da Receita Federal (atualmente denominada Secretaria da Receita Federal do Brasil) que passou a planejar, executar, acompanhar e avaliar as atividades relativas a tributação, fiscalização, arrecadação, cobrança e recolhimento das contribuições sociais previstas nas alíneas "a", "b" e "c", do parágrafo único do artigo 11 da Lei 8.212/01. 10. A Medida Provisória 449, de 3 de dezembro de 2008, alterou a redação do artigo 89, da Lei 8.212/91, que passou a dispor o seguinte: "Art. 89. Não serão restituídas contribuições, salvo na hipótese de recolhimento indevido, nem será permitida ao beneficiário a antecipação do seu pagamento para efeito de recebimento de benefícios. Parágrafo único. Na hipótese de recolhimento indevido as contribuições serão restituídas, atualizadas monetariamente. Art. 89. Somente poderá ser restituída ou compensada contribuição para a Seguridade Social arrecadada pelo Instituto Nacional do Seguro Social (INSS) na hipótese de pagamento ou recolhimento indevido. (Redação dada pela Lei nº 9.032, de 1995).

Extinção do Crédito Tributário

§ 1º Admitir-se-á apenas a restituição ou a compensação de contribuição a cargo da empresa, recolhida ao Instituto Nacional do Seguro Social (INSS), que, por sua natureza, não tenha sido transferida ao custo de bem ou serviço oferecido à sociedade. (Incluído pela Lei nº 9.032, de 1995). § 2º Somente poderá ser restituído ou compensado, nas contribuições arrecadadas pelo Instituto Nacional do Seguro Social (INSS), valor decorrente das parcelas referidas nas alíneas "a", "b" e "c" do parágrafo único do art. 11 desta lei. (Incluído pela Lei nº 9.032, de 1995). § 3º Em qualquer caso, a compensação não poderá ser superior a 25% (vinte e cinco por cento) do valor a ser recolhido em cada competência. (Incluído pela Lei nº 9.032, de 1995). § 4º Na hipótese de recolhimento indevido, as contribuições serão restituídas ou compensadas atualizadas monetariamente. (Incluído pela Lei nº 9.032, de 1995). § 5º Observado o disposto no § 3º, o saldo remanescente em favor do contribuinte, que não comporte compensação de uma só vez, será atualizado monetariamente. (Incluído pela Lei nº 9.032, de 1995). § 6º A atualização monetária de que tratam os §§ 4º e 5º deste artigo observará os mesmos critérios utilizados na cobrança da própria contribuição. (Incluído pela Lei nº 9.032, de 1995). § 7º Não será permitida ao beneficiário a antecipação do pagamento de contribuições para efeito de recebimento de benefícios. (Incluído pela Lei nº 9.032, de 1995). Art. 89. Somente poderá ser restituída ou compensada contribuição para a Seguridade Social arrecadada pelo Instituto Nacional do Seguro Social – INSS na hipótese de pagamento ou recolhimento indevido. (Redação dada ao *caput* e parágrafos pela Lei nº 9.129, de 20.11.95). Art. 89. As contribuições sociais previstas nas alíneas "a", "b" e "c" do parágrafo único do art. 11, as contribuições instituídas a título de substituição e as contribuições devidas a terceiros somente poderão ser restituídas ou compensadas nas hipóteses de pagamento ou recolhimento indevido ou maior que o devido, nos termos e condições estabelecidos pela Secretaria da Receita Federal do Brasil. (Redação dada pela Medida Provisória nº 449, de 2008) § 1º Admitir-se-á apenas a restituição ou a compensação de contribuição a cargo da empresa, recolhida ao INSS, que, por sua natureza, não tenha sido transferida ao custo de bem ou serviço oferecido à sociedade. (Revogado pela Medida Provisória nº 449, de 2008) § 2º Somente poderá ser restituído ou compensado, nas contribuições arrecadadas pelo INSS, valor decorrente das parcelas referidas nas alíneas "a", "b" e "c" do parágrafo único do art. 11 desta Lei. (Revogado pela Medida Provisória nº 449, de 2008) § 3º Em qualquer caso, a compensação não poderá ser superior a trinta por cento do valor a ser recolhido em cada competência. (Revogado pela Medida Provisória nº 449, de 2008) § 4º Na hipótese de recolhimento indevido, as contribuições serão restituídas ou compensadas atualizadas monetariamente. § 4º O valor a ser restituído ou compensado será acrescido de juros obtidos pela aplicação da taxa referencial do Sistema Especial de Liquidação e de Custódia – SELIC para títulos federais, acumulada mensalmente, a partir do mês subseqüente ao do pagamento indevido ou a maior que o devido até o mês anterior ao da compensação ou restituição e de um por cento relativamente ao mês em que estiver sendo efetuada. (Redação dada pela Medida Provisória nº 449, de 2008) § 5º Observado o disposto no § 3º, o saldo remanescente em favor do contribuinte, que não comporte compensação de uma só vez, será atualizado monetariamente. (Revogado pela Medida Provisória nº 449, de 2008) § 6º A atualização monetária de que tratam os §§ 4º e 5º deste artigo observará os mesmos critérios utilizados na cobrança da própria contribuição. (Revogado pela Medida Provisória nº 449, de 2008) § 7º Não será permitida ao beneficiário a antecipação do pagamento de contribuições para efeito de recebimento de benefícios. (Revogado pela Medida Provisória nº 449, de 2008) § 8º Verificada a existência de débito em nome do sujeito passivo, ainda que parcelado sob qualquer modalidade, inscritos ou não em dívida ativa do INSS, de natureza tributária ou não, o valor da restituição será utilizado para extingui-lo, total ou parcialmente, mediante compensação em procedimento de ofício. (Incluído pela Medida Provisória nº 252, de 2005). § 8º Verificada a existência de débito em nome do sujeito passivo, o valor da restituição será utilizado para extingui-lo, total ou parcialmente, mediante compensação. (Incluído pela Lei nº 11.196, de 2005). § 9º Os valores compensados indevidamente serão exigidos com os acréscimos moratórios de que trata o art. 35 desta Lei. (Incluído pela Medida Provisória nº 449, de 2008) § 10. Na hipótese de compensação indevida, quando se comprove falsidade da declaração apresentada pelo sujeito passivo, o contribuinte estará sujeito à multa isolada aplicada no percentual previsto no inciso I do *caput* do art. 44 da Lei nº 9.430, de 1996, aplicado em dobro, e terá como base de cálculo o valor total do débito indevidamente compensado. (Incluído pela Medida Provisória nº 449, de 2008) § 11. Aplica-se aos processos de restituição das contribuições de que trata este artigo e de reembolso de salário-família e salário-maternidade o rito do Decreto nº 70.235, de 6 de março de

114   *Marcus Lívio Gomes*

1972. (Incluído pela Medida Provisória n° 449, de 2008)" 11. A previsão legal no sentido de que as contribuições administradas e arrecadadas pelo Instituto Nacional do Seguro Social, poderiam ser compensadas com outros tributos de natureza distinta, inexistia até a edição da aludida medida provisória, remanescendo a aplicação do disposto na Lei 8.383/91 à espécie (REsp 964.447/MG, Rel. Ministro José Delgado, Primeira Turma, julgado em 11.12.2007, DJ 01.02.2008; REsp 954.168/MG, Rel. Ministro Teori Albino Zavascki, Primeira Turma, julgado em 06.09.2007, DJ 04.10.2007; e AgRg no REsp 721.673/RN, Rel. Ministro Luiz Fux, Primeira Turma, julgado em 16.05.2006, DJ 29.05.2006). 12. A Primeira Seção desta Corte consolidou o entendimento de que, em se tratando de compensação tributária, deve ser considerado o regime jurídico vigente à época do ajuizamento da demanda, não podendo ser a causa julgada à luz do direito superveniente, tendo em vista o inarredável requisito do prequestionamento, viabilizador do conhecimento do apelo extremo, ressalvando-se o direito de o contribuinte proceder à compensação dos créditos pela via administrativa, em conformidade com as normas posteriores, desde que atendidos os requisitos próprios (EREsp 488.992/MG). 13. *In casu*, a empresa ajuizou a demanda em 29.05.2002, pleiteando a compensação de valores recolhidos indevidamente a título de contribuição social à época administrada pelo INSS, razão pela qual se revela aplicável a Lei 8.383/91 que admitia a compensação apenas entre tributos e contribuições da mesma espécie. 14. As Leis 9.032, de 28 de abril de 1995, e 9.129, de 20 de novembro de 1995, promoveram alterações na Lei 8.212/91 (Lei de Organização da Seguridade Social – LOAS), cujo artigo 89, § 3°, passou, sucessivamente, a dispor: "Art. 89. Somente poderá ser restituída ou compensada contribuição para a Seguridade Social arrecadada pelo Instituto Nacional do Seguro Social (INSS) na hipótese de pagamento ou recolhimento indevido. (Redação dada pela Lei n° 9.032, de 28.4.95) (...) § 3° Em qualquer caso, a compensação não poderá ser superior a 25% (vinte e cinco por cento) do valor a ser recolhido em cada competência.(Incluído pela Lei n° 9.032, de 28.4.95) (...)". "Art. 89. Somente poderá ser restituída ou compensada contribuição para a Seguridade Social arrecadada pelo Instituto Nacional do Seguro Social-INSS na hipótese de pagamento ou recolhimento indevido. (Redação dada pela Lei n° 9.129, de 20.11.1995) (...) § 3° Em qualquer caso, a compensação não poderá ser superior a trinta por cento do valor a ser recolhido em cada competência. (Redação dada pela Lei n° 9.129, de 20.11.1995) (...)" 15. A Cláusula de Plenário (artigo 97 de CF/1988), até pouco tempo, vinha sendo inobservada pela jurisprudência do STJ que excepcionava a aplicação das limitações à compensação introduzidas pelas Leis 9.032/95 e 9.129/95 em se tratando de pagamentos indevidos atinentes a contribuições sociais previdenciárias ulteriormente declaradas inconstitucionais em sede de controle concentrado. 16. Entrementes, na assentada de 22.10.2008, a Primeira Seção consolidou o novel entendimento de que, enquanto não declaradas inconstitucionais as Leis 9.032/95 e 9.129/95, em sede de controle difuso ou concentrado, sua observância é inafastável pelo Poder Judiciário, uma vez que a norma jurídica, enquanto não regularmente expurgada do ordenamento, nele permanece válida, razão pela qual a compensação do indébito tributário, ainda que decorrente da declaração de inconstitucionalidade da exação, submete-se às limitações erigidas pelos diplomas legais que regem a compensação tributária (REsp 796.064/RJ, Rel. Ministro Luiz Fux, Primeira Seção, julgado em 22.10.2008, DJe 10.11.2008). 17. A restituição mediante repetição não se subsume às limitações, diferentemente da compensação tributária, instituto jurídico informado pelo princípio da indisponibilidade dos bens públicos, que carece de lei autorizativa que, legitimamente, pode condicioná-la, sendo certo que é facultado ao contribuinte submeter-se às regras impostas pelo legislador ordinário para fazer jus à compensação ou, então, pleitear a repetição do indébito tributário, que não observa qualquer condicionamento, salvo o recebimento por precatório. 18. A compensação tributária, posto diversa da figura de direito privado que extingue compulsoriamente a obrigação, é condicionada ao discricionarismo do Tesouro Público: "... o sujeito passivo só poderá contrapor seu crédito ao crédito tributário, como direito subjetivo seu, nas condições e sob as garantias que a lei fixar. Fora disso, quando a lei o permite, se aceitar as condições específicas que a autoridade investida de poder discricionário, nos limites legais, para fixá-las, estipular, julgando da conveniência e da oportunidade de aceitar ou recusar o encontro dos débitos" (Aliomar Baleeiro, *in Direito Tributário Brasileiro*, 11ª ed., Forense, Rio de Janeiro, 2000, pág. 898). 19. O artigo 170, do CTN, legitima o ente legiferante a autorizar a compensação de créditos tributários com créditos líquidos e certos, vencidos ou vincendos, do contribuinte, estabelecendo, para tanto, condições e garantias para seu exercício, donde se dessume a higidez da estipulação legal de limites para sua realização. 20. A compensação tributária, por seu turno, configura renúncia fiscal, cuja concessão, afastada dos

Extinção do Crédito Tributário

No campo processual, releva-se de peculiar interesse frisar a possibilidade de cumulação de pedidos, ou seja, pedido de compensação com pedido de repetição de indébito. Outrossim, jurisprudencialmente tem se admitido a opção entre a compensação ou a repetição do indébito por ocasião da execução da sentença, mesmo no caso de a sentença referir-se à repetição do indébito, pois a eficácia declaratória do *decisum* será suficiente para que o contribuinte efetive a compensação.[216]

Também se tem admitido na jurisprudência a opção pela repetição do indébito por precatório quando a sentença lhe concede o direito à compensação. Isto porque a compensação é modalidade de repetição do indébito. Assim, o prazo para se implementar a compensação de tributos sujeito a lançamento por homologação será o mesmo prazo para a repetição de indébito.

Leandro Paulsen alerta para mais uma modalidade anômala de compensação trazida no bojo da EC nº 30/2000. Esta emenda constitucional, ao acrescentar ao ADCT o art. 78,[217] previu o pagamento, parcelado em dez anos, dos precatórios relativos a ações ajuizadas até 31 de dezembro de 1999 e, em seu § 2º, a possibilidade de utilização dos créditos correspondentes às prestações anuais, caso não liquidadas até o final do exercício a que se referem, para fins de pagamento de tributos da entidade devedora. Assim, existindo precatório contra o ente político, cujas parcelas não sejam saldadas periodicamente no prazo que a Constituição estabelece, a mora autorizará que o contribuinte utilize tais créditos para o pagamento de tributos. Ressalte-se a edição da EC nº 62/09, que alterou o art. 100 da Constituição Federal e acrescentou o art. 97 ao Ato das Disposições Constitucionais Transitórias, instituindo regime especial de pagamento de precatórios pelos Estados, Distrito Federal e Municípios.

---

lindes traçados pelo legislador, compromete o equilíbrio orçamentário do Estado, bem como o equilíbrio financeiro e atuarial do sistema previdenciário, custeado, entre outros, pelas contribuições sociais em tela. 21. A Súmula Vinculante nº 10, do Supremo Tribunal Federal, assentou o entendimento de que: "Viola a cláusula de reserva de plenário (cf, artigo 97) a decisão de órgão fracionário de tribunal que, embora não declare expressamente a inconstitucionalidade de lei ou ato normativo do poder público, afasta sua incidência, no todo ou em parte". 22. Conseqüentemente, o contribuinte, optante da restituição via compensação tributária, submete-se aos limites percentuais erigidos nas Leis 9.032/95 e 9.129/95, ainda que o "pagamento indevido" decorra da declaração de inconstitucionalidade da norma jurídica instituidora da contribuição para a Seguridade Social. 23. Agravo regimental desprovido.

[216] SÚMULA N. 461-STJ: O contribuinte pode optar por receber, por meio de precatório ou por compensação, o indébito tributário certificado por sentença declaratória transitada em julgado. Rel. Min. Eliana Calmon, em 25/8/2010.

[217] Ressalte-se a edição da EC nº 62/09, que alterou o art. 100 da Constituição Federal e acrescentou o art. 97 ao Ato das Disposições Constitucionais Transitórias, instituindo regime especial de pagamento de precatórios pelos Estados, Distrito Federal e Municípios.

4.11. Restrições à compensação

Art. 170-A. É vedada a compensação mediante o aproveitamento de tributo, objeto de contestação judicial pelo sujeito passivo, antes do trânsito em julgado da respectiva decisão judicial.

A LC 104/2001 alterou o CTN, inserindo o art. 170-A, tendo em vista que estava havendo abuso na concessão de tutelas de urgência (antecipação de tutela, liminar em mandado de segurança e liminar em ação cautelar) de cunho satisfativo, autorizando a compensação *in limine* de créditos e débitos tributários.

Entretanto, antes da alteração legislativa, o STJ já havia sumulado a matéria nos termos do verbete nº 212: "A compensação de créditos tributários não pode ser deferida por medida liminar", cuja redação foi alterada pela Primeira Seção na sessão de 11/05/2005 para a seguinte: "A compensação de créditos tributários não pode ser deferida em ação cautelar ou por medida liminar cautelar ou antecipatória". Neste diapasão, o aguardo do trânsito em julgado é pressuposto para a certeza quanto à ocorrência de indébito a ensejar a compensação e que, portanto, possui o contribuinte crédito oponível ao Fisco.

Leandro Paulsen encampa tese mais abrangente, ao afirmar que, se se tratar de mero erro de cálculo ou de enquadramento legal ou se já houver decisão transitada em julgado no controle concentrado (ADIn/ADCon) ou resolução do Senado no controle difuso, o ajuizamento de ação judicial apenas para discutir os critérios da compensação não é abarcado pelo art. 170-A, CTN.

Outrossim, inaplica-se o novo artigo às ações em curso, pois implicaria efeitos retroativos. Quando já há decisão com eficácia imediata, ou seja, passível de recurso sem efeito suspensivo, o artigo não terá o efeito de cassar tal eficácia.[218]

Por fim, relevante citar o entendimento do STJ, exarado através do verbete da súmula nº 460, o qual dispôs ser incabível o mandado de segurança para convalidar a compensação tributária realizada

---

[218] ERESP 200702559453, BENEDITO GONÇALVES, STJ – PRIMEIRA SEÇÃO, 04/09/2009. (...) 2. A jurisprudência consolidada no âmbito da Primeira Seção é no sentido de que a compensação tributária só pode ser condicionada ao trânsito em julgado da decisão judicial para as demandas ajuizadas já na vigência da Lei Complementar 104/2001, que acrescentou o art. 170-A ao CTN, o que não é o caso dos autos. Precedentes: Pet 5546/SP, Rel. Ministro Luiz Fux, Primeira Seção, julgado em 25/3/2009, DJe 20/4/2009; AgRg no REsp 1.086.523/PR, Rel. Ministro Humberto Martins, Segunda Turma, julgado em 12/5/2009, DJe 27/5/2009; REsp 1.062.764/SP, de minha relatoria, Primeira Turma, julgado em 5/3/2009, DJe 19/3/2009; REsp 801.993/RJ, Rel. Ministro Teori Albino Zavascki, Primeira Turma, julgado em 17/2/2009, DJe 4/3/2009; REsp 1049518/CE, Rel. Ministra Eliana Calmon, Segunda Turma, julgado em 9/12/2008, DJe 26/2/2009. 3. Embargos de divergência parcialmente providos.

Extinção do Crédito Tributário

pelo contribuinte. De acordo com a súmula, o mandado de segurança em matéria tributária não mais poderá ser utilizado de forma repressiva, de forma a convalidar compensações pretéritas feitas pelo contribuinte.

A ação mandamental era utilizada desta forma quando se pretendia legitimar compensação implementada em confronto com a interpretação administrativa. Assim, fazia-se a compensação e depois ajuízava-se o *mandamus* de forma a convalidar o procedimento interno do contribuinte. A nova súmula tem por premissa a necessidade de dilação probatória, o que impede a utilização desta ação mandamental como tutela convalidatória. Agora, a ação deverá ser preventiva, esvaziando uma das principais finalidades deste tipo de ação judicial, já que o art. 170-A do CTN impede a compensação através das tutelas de urgência.[219]

A intervenção judicial deve ocorrer tão somente para determinar os critérios da compensação objetivada, a respeito dos quais existe controvérsia, *v.g.*, tributos compensáveis entre si, o prazo possível, os critérios e períodos de correção monetária, os juros, bem como para impedir que o Fisco exija do contribuinte o pagamento das parcelas dos tributos objetos de compensação ou que venha a autuá-lo em razão da compensação realizada de acordo com os critérios autorizados pela ordem judicial. Neste diapasão, compete à Administração Pública a fiscalização da existência ou não de créditos a serem compensados, o procedimento e os valores a compensar, e a conformidade do procedimento adotado com os termos da legislação pertinente, sendo inadmissível provimento judicial substitutivo da homologação da autoridade administrativa, que atribua eficácia extintiva, desde logo, à compensação efetuada.

---

[219] SÚMULA N. 460-STJ: É incabível o mandado de segurança para convalidar a compensação tributária realizada pelo contribuinte. Rel. Min. Eliana Calmon, em 25/8/2010.

5. Demais modalidades de extinção do crédito tributário

5.1. Transação

Art. 171. A lei pode facultar, nas condições que estabeleça, aos sujeitos ativo e passivo da obrigação tributária celebrar transação que, mediante concessões mútuas, importe em determinação de litígio e conseqüente extinção de crédito tributário.

Parágrafo único. A lei indicará a autoridade competente para autorizar a transação em cada caso.

A matéria vem regulamentada no Direto Privado no art. 840 do CC nos seguintes termos: "É lícito aos interessados prevenirem ou terminarem o litígio mediante concessões mútuas". Pode-se afirmar que a transação é ato jurídico que modifica ou extingue obrigações preexistentes mediante ajustes e concessões recíprocas, pois não havendo reciprocidade de concessões teremos desistência ao direito. Com efeito, já deve existir lide, que gere dúvida ou incerteza a respeito do direito invocado pelas partes, nunca podendo ser utilizado para prevenir litígios, como no Direito Privado.

Conforme Luiz Emygdio,[220] sendo a prestação tributária atividade administrativa vinculada, na forma do art. 3º do CTN, e dispondo o artigo em comento que a transação visa por fim a litígio, a mesma só cabe na esfera judicial. Discordamos do citado autor, pois o termo *litígio* admite interpretação no sentido de que abarque a controvérsia na esfera judicial ou administrativa. Neste sentido, Paulo de Barros Carvalho.[221] A transação só pode ser implementada nos termos da lei, conforme o princípio da estrita legalidade tributária, *ex vi*, inciso VI do art. 97 do CTN.

---

[220] ROSA JUNIOR, op. cit., p. 605.

[221] CARVALHO, op. cit., p. 308.

Extinção do Crédito Tributário

Segundo Aliomar Baleeiro,[222] a autoridade só pode celebrá-la com relativa discricionariedade quanto às conveniências, condições e oportunidades se a lei lhe faculta tal possibilidade, dentro dos limites e requisitos por ela fixados. Conforme asseveramos, comentando o art. 170, CTN, discordamos da posição do ilustre mestre. Assegurado por lei o direito subjetivo à transação e havendo mútuo acordo de vontades entre as partes – Contribuinte *x* Estado –, só cabe à Administração verificar se estão preenchidos os requisitos legais, mas nunca vedar este direito caso preenchidas tais condições.

Na esfera federal, integrando o parágrafo único do art. 171, podemos ilustrar tal instituto com a LC n° 73/93, art. 4°,[223] c/c a Lei n° 9.469/97.[224]

5.2. Remissão

Art. 172. A lei pode autorizar a autoridade administrativa a conceder, por despacho fundamentado, remissão total ou parcial do crédito tributário, atendendo:

I – à situação econômica do sujeito passivo;

II – ao erro ou ignorância excusáveis do sujeito passivo, quanto a matéria de fato;

III – à diminuta importância do crédito tributário;

IV – a considerações de eqüidade, em relação com as características pessoais ou materiais do caso;

---

[222] BALEEIRO, op. cit., p. 905.

[223] Art. 4° – São atribuições do Advogado-Geral da União: VI – desistir, transigir, acordar e firmar compromisso nas ações de interesse da União, nos termos da legislação vigente;

[224] STJ – RESP – 514351 Órgão Julgador: PRIMEIRA TURMA Data da decisão: 20/11/2003 Relator(a) LUIZ FUX. 1. O parcelamento do débito na execução fiscal implica, tão-somente, a suspensão do processo, conservando-se perene a Certidão da Dívida Ativa a sustentar a execução até que se extinga a dívida, podendo operar-se a continuidade da execução fiscal pelo saldo remanescente, se o parcelamento não restar cumprido integralmente pelo sujeito passivo. 2. A figura do parcelamento não se confunde com a transação extintiva do crédito. A auto-composição bilateral ou transação é forma de extinção do crédito tributário, consoante determina o art. 156, III do CTN, implicando no término do direito da Fazenda Pública de cobrar a obrigação tributária. 3. Considerando que a transação é a forma pela qual as partes previnem ou terminam litígios mediante concessões mútuas, enquanto que o parcelamento é a mera dilação de prazo para o devedor honrar sua dívida, não há que falar em naturezas semelhantes. Ao revés, no parcelamento, a dívida ativa não se desnatura pelo fato de ser objeto de acordo de parcelamento, posto que não honrado o compromisso, retoma ela o os seus privilégios, incidindo a multa e demais encargos na cobrança via execução fiscal. 4. É novel regra assente no Código Tributário Nacional que o parcelamento do débito é meramente suspensivo. 5. Recurso especial provido.

V – a condições peculiares a determinada região do território da entidade tributante.

Parágrafo único. O despacho referido neste artigo não gera direito adquirido, aplicando-se, quando cabível, o disposto no artigo 155.

Inicialmente, deve-se remarcar a amplitude do conceito de crédito tributário. Este abrange, conforme já afirmamos, o tributo e os seus acréscimos legais, tais como, os juros de mora, a correção monetária e as penalidades pecuniárias já aplicadas, pois, quanto às infrações cometidas e não descobertas, assim ainda não penalizadas por sanção pecuniária, temos o instituto da anistia previsto no art. 175 do CTN.

A remissão é o ato de remir ou perdoar a dívida por parte do credor que renuncia a direito. No Direito Privado a matéria é regulada pelo art. 385 do CC, nos seguintes termos "A remissão da dívida, aceita pelo devedor, extingue a obrigação, mas sem prejuízo de terceiro". Alerta Aliomar Baleeiro[225] que não se deve confundir a palavra "remissão" do presente artigo com a palavra "remição", ato de remir ou resgatar a dívida por parte do devedor ou de algum interessado, prevista, *v.g.*, no art. 1.429 do CC.

A matéria recebeu também tratamento específico no art. 150, § 6º, da CF/88, ao dispor que o princípio da estrita legalidade tributária deve se aplicar a quaisquer subsídios e causas extintivas ou excludentes do crédito tributário, consagrando (i) a exclusividade da lei tributária para conceder quaisquer exonerações, subsídios e outros benefícios fiscais, evitando as improvisações e os oportunismos, bem como (ii) a especificidade da lei tributária, vedando fórmulas legais indeterminadas.

Admite-se a remissão com fundamento na equidade ou na redução da capacidade contributiva do contribuinte. Socorremo-nos de Aliomar Baleeiro:

a) situação econômica do sujeito passivo, por não ter possibilidade prática de pagar ou porque perdeu, por uma causa de força maior ou caso fortuito ou mesmo pela própria culpa, já que o CTN não exclui esta última;

b) erro ou ignorância escusáveis do sujeito passivo, quanto à matéria de fato, de onde, a contrário sensu, está excluído o erro de direito, ou ignorância da lei, que ninguém pode alegar para desobrigar-se de cumpri-la;

c) diminuta importância do crédito tributário que não compensa o dispêndio de serviços e materiais para cobrá-los (geralmente as leis determinam, em caráter geral, o cancelamento de créditos abaixo de certa quantia, como, em relação ao imposto de renda de CR$ 20,00 e depois CR$ 100,00);

---

[225] BALEEIRO, op. cit., p. 906/908.

Extinção do Crédito Tributário

d) considerações de equidade, em relação às características personalíssimas do sujeito passivo ou materiais do caso (já o art. 108, inciso IV, autoriza a equidade na interpretação da legislação tributária; no art. 172, inciso IV, autoriza-se a equidade na apreciação do fato);

e) condições peculiares a determinada região do território sob jurisdição do sujeito ativo (calamidades públicas, profunda crise econômica, comoção política, endemias, epizootias que dizimam rebanhos etc.)[226]

Conforme a moratória, a concessão de remissão não gera direito adquirido e requer o cumprimento do princípio da estrita legalidade tributária. Outrossim, o despacho que concede a remissão deve ser fundamentado, por imperativo legal da cabeça do artigo. Este ato administrativo não é discricionário, pois conforme já assentamos, é a lei que assegura o direito subjetivo à remissão. A fundamentação do ato se presta a justificar o preenchimento das condições legais por parte do contribuinte. Nesta causa de extinção do crédito tributário, parece-nos que sempre será necessário o despacho fundamentado, pois, em que pese a lei remissiva ser geral e abstrata, será sempre específica a determinado contribuinte, nos termos do ato administrativo concessivo.

Bernardo Ribeiro de Moraes[227] aponta algumas características deste instituto jurídico: a irrenunciabilidade pelo contribuinte, desde que mantidas as condições e os requisitos que a determinaram, pois, extinto o crédito pela remissão, este não pode mais ser cobrado; a remissão atinge o crédito tributário em qualquer fase de cobrança, ou seja, antes do lançamento, após o lançamento, na fase da cobrança executiva ou mesmo após o trânsito em julgado. Concluindo, podemos afirmar que a remissão é a dispensa do pagamento do tributo devido.[228] [229]

---

[226] BALEEIRO, op. cit., p. 209.

[227] MORAIS, op. cit., p. 461.

[228] TRF – PRIMEIRA REGIÃO – AC Órgão Julgador: QUARTA TURMA Data da decisão: 26/02/1999 Relator(a) JUIZ ALEXANDRE VIDIGAL. (...) 2 – O cancelamento de débito fiscal em razão do seu valor, conforme previsto em lei (DL 2303/86, art. 29), caracteriza-se como remissão, em consonância com o disposto nos artigos 156, IV, e 172, do CTN. Observando-se referido cancelamento em sede judicial, decorrente de expressa autorização legal, o mesmo ensejará julgamento de mérito, conforme previsto no artigo 269, V, do CPC. 3 – Tal julgamento de mérito, e até porque uma das modalidades de extinção do crédito é a decisão judicial passada em julgado (CTN, art. 156, X), encerra o reconhecimento da coisa julgada material, inviabilizando, assim, que o crédito tributário seja objeto de nova execução fiscal, mesmo sob a alegação de ter sido indevida e equivocada a sentença que extinguiu a execução anterior. 4 – Precedente jurisprudencial. 5 – Improvimento da remessa de ofício e da apelação. Sentença confirmada.

[229] TRIBUNAL – SEGUNDA REGIÃO – AMI 002120192. Órgão Julgador: TERCEIRA TURMA-Data da decisão: 06/09/1995 Relator(a) JUIZ PAULO BARATA. 1. Ilegitimidade passiva do Delegado da Receita Federal para expedição da norma regulamentadora da remissão tributária – lei ordinária – de que trata o art. 172, *caput*, do CTN. 2. Atribuição do congresso nacional (CF, art.48, i). Competência originária do Supremo Tribunal Federal (CF, art. 102, i, "q"). 3. Apelação improvida.

5.3. Decadência

Art. 173. O direito de a Fazenda Pública constituir o crédito tributário extingue-se após 5 (cinco) anos, contados:

Deve-se distinguir, inicialmente, que a forma de contagem dos prazos dependerá do tipo de lançamento a ser implementado. O art. 173 se presta aos lançamentos por declaração e de ofício. O § 4° do art. 150 destina-se aos lançamentos por homologação. Outrossim, os prazos de decadência e prescrição previstos no CTN têm fundamento no art. 146, inciso III, alínea "b", CF/88. Com efeito, é o CTN que desempenha o papel de lei complementar tributária prevista na Constituição.[230] Sendo assim, não pode a lei ordinária estabelecer prazos superiores ao fixado no CTN, pois isto viola uma limitação constitucional ao poder de tributar estabelecido na CF/88, regulamentada pelo CTN.

Por isto, flagrantemente inconstitucionais os artigos 45 e 46 da Lei n° 8.212/91[231] ao estabelecerem prazos de 10 (dez) anos para a Seguridade social apurar e constituir seus créditos, bem como cobrá-los judicialmente.[232] Por fim, aduzo que este prazo poderia ser reduzido a menos de cinco (5) anos pelo ente político competente para instituir o tributo, pois neste caso não haveria mitigação de direito fundamental, mas ampliação de garantia do contribuinte.

O STF sumulou a matéria por meio da Súmula Vinculante n° 8 nos seguintes termos: "São inconstitucionais o parágrafo único do artigo 5° do Decreto-Lei n° 1.569/77 e os artigos 45 e 46 da Lei n° 8.212/91, que tratam de prescrição e decadência de crédito tributário".

5.3.1. Distinção entre decadência e prescrição

No Direito Tributário a prescrição extingue o próprio direito subjetivo de o fisco cobrar o crédito tributário (entenda-se constituição na linguagem do CTN) através da caducidade do direito de ação, as-

---

[230] Informativo de jurisprudência do STF n° 510. RREE n° 560.626, 556.664 e 559882.

[231] Art. 45. O direito da Seguridade Social apurar e constituir seus créditos extingue-se após 10 (dez) anos contados: I – do primeiro dia do exercício seguinte àquele em que o crédito poderia ter sido constituído; II – da data em que se tornar definitiva a decisão que houver anulado, por vício formal, a constituição de crédito anteriormente efetuada. Art. 46. O direito de cobrar os créditos da Seguridade Social, constituídos na forma do artigo anterior, prescreve em 10 (dez) anos.

[232] Informativo de jurisprudência do STF n° 510. RREE n° 560.626, 556.664 e 559882.

Extinção do Crédito Tributário

semelhando-se à decadência nos seus efeitos,[233] conforme preveem os artigos 173[234] e 174,[235] ambos do CTN.

Relevante que tracemos, ainda que de forma superficial, distinção teórica sobre os institutos da decadência e prescrição. Desde já, questiono a utilidade prática das distinções doutrinárias reinantes. Entretanto, considerando a diversidade de tratamento dos institutos nos diplomas civilista e tributário, passo a apontar a suas particularidades. Conforme Sacha Calmon,[236] os atos judiciais sujeitos a tempo certo, se não praticados, precluem. Os direitos, se não exercidos no prazo assinalado pela lei, caducam ou decaem. As ações judiciais, se não propostas no tempo fixado em lei, prescrevem. Tanto a decadência como a prescrição são formas de perecimento, caducidade ou extinção do direito. Fulminam o direito daquele que se quedou inerte, pois o direito não socorre aos que dormem. Ambas pressupõem dois fatores essenciais: a inércia do titular e o decurso de um prazo fixado em lei.

Podemos traçar as seguintes distinções básicas dos institutos no Direito Tributário: a decadência fulmina o direito material de a Fazenda Pública lançar o tributo no prazo fixado em lei sem que tenha havido nenhuma resistência ou violação ao direito; a prescrição da ação supõe uma lesão ao direito de crédito da Fazenda Pública já formalizado pelo lançamento, da qual decorre a ação destinada a repará-la.

A decadência só pode ocorrer da inércia da Fazenda Pública em implementar o lançamento tributário; já a prescrição só pode acontecer após exercido o direito subjetivo de a Fazenda Pública efetivar o lançamento regularmente notificado. A decadência fulmina o direito de crédito, extinguindo-o, podendo ser declarada de ofício pelo juiz.

---

[233] PAULSEN, op. cit., p. 1070.

[234] Art. 173. O direito de a Fazenda Pública constituir o crédito tributário extingue-se após 5 (cinco) anos, contados: I – do primeiro dia do exercício seguinte àquele em que o lançamento poderia ter sido efetuado; II – da data em que se tornar definitiva a decisão que houver anulado, por vício formal, o lançamento anteriormente efetuado. Parágrafo único. O direito a que se refere este artigo extingue-se definitivamente com o decurso do prazo nele previsto, contado da data em que tenha sido iniciada a constituição do crédito tributário pela notificação, ao sujeito passivo, de qualquer medida preparatória indispensável ao lançamento.

[235] Art. 174. A ação para a cobrança do crédito tributário prescreve em cinco anos, contados da data da sua constituição definitiva. Parágrafo único. A prescrição se interrompe: I – pelo despacho do juiz que ordenar a citação em execução fiscal; II – pelo protesto judicial; III – por qualquer ato judicial que constitua em mora o devedor; IV – por qualquer ato inequívoco ainda que extrajudicial, que importe em reconhecimento do débito pelo devedor.

[236] COELHO, op. cit., p. 848.

No Direito Tributário, o prazo decadencial pode ser interrompido, *ex vi*, art. 173, inciso II c/c artigos 109 e 110, todos do CTN. Neste sentido Hugo de Brito Machado,[237] ao dispor que o prazo decadencial pode ser interrompido ou suspenso, conforme dispuser a lei.

5.3.2. Suspensão da exigibilidade e suspensão do prazo de decadência

A suspensão da exigibilidade do crédito tributário não suspende nem interrompe a fluência do prazo decadencial. Neste diapasão, se não for implementado o lançamento pela Fazenda Pública ocorrerá a caducidade deste direito subjetivo. Não obstante, construção pretoriana do STJ afasta esta afirmação quando o contribuinte deposita o montante devido. Entende-se, neste caso, que houve lançamento ficto pelo sujeito passivo.[238] [239]

---

[237] MACHADO, op. cit., p. 148.

[238] REsp 200601250778, LUIZ FUX, STJ – PRIMEIRA TURMA, 19/02/2009. (...) 2. O crédito tributário é constituído uma vez lavrada a declaração de reconhecimento do débito, via DCTF, remanescendo ao Fisco o prazo qüinqüenal para a propositura da ação de exigibilidade da exação reconhecida. 3. Deveras, o fato de a declaração de débito provir do contribuinte não significa preclusão administrativa para o Fisco impugnar o *quantum* desconhecido. Isto porque impõe-se distinguir a possibilidade de execução imediata pelo reconhecimento da legalidade do crédito com a situação de o Fisco concordar (homologar) a declaração unilateral do particular, prestada. 4. A única declaração unilateral constitutiva *ipso jure* do crédito tributário é a do Fisco, por força do lançamento compulsório (art. 142 do CTN) que assim dispõe: "Compete privativamente à autoridade administrativa constituir o crédito tributário pelo lançamento, assim entendido o procedimento administrativo tendente a verificar a ocorrência do fato gerador da obrigação tributária correspondente, determinar a matéria tributável, calcular o montante do tributo devido, identificar o sujeito passivo e, sendo o caso, propor a aplicação da penalidade cabível". 5. O depósito do montante integral encerra verdadeiro lançamento. É que o contribuinte calcula o valor do tributo e substitui o pagamento antecipado pelo depósito, por entender indevida a cobrança, hipótese em que a Fazenda, se aceito como integral o depósito, para fins de suspensão da exigibilidade do crédito, aquiesce expressa ou tacitamente com o valor indicado pelo contribuinte, e pratica ato que equivale à homologação fiscal prevista no art. 150, § 4º do CTN. Precedentes: AgRg no REsp. 1.005.012/SC, 2ª Turma, Rel. Min. ELIANA CALMON, DJU 10.11.08; AgRg no Ag. 1.054.184/SP, 2ª Turma, Rel. Min. MAURO CAMPBELL MARQUES, DJU 06.11.08; REsp. 962.379/RS, 1ª Sessão, Rel. Min. TEORI ALBINO ZAVASCKI, DJU 28.10.08; AgRg no REsp. 947.348/RS, 1ª Turma, desta relatoria, DJU 07.08.08; e AgRg no REsp. 1.035.288/SP, 1ª Turma, Rel. Min. FRANCISCO FALCÃO, DJU 05.06.08. 6. A própria declaração de débito efetivada pelo contribuinte, inclusive através do depósito do montante integral, para a discussão judicial de sua rigidez, realiza o ato de lançamento do tributo, tornando-o passível, desde logo, de execução fiscal, por isso que, in casu, não há que se falar em decadência, porquanto já constituído o crédito. 7. O ajuizamento de ação de conhecimento ou impetração do *writ of mandamus*, com o escopo de discutir os créditos lançados mediante a DCTF ou depósito do montante integral da dívida, previne a prescrição.(...)

[239] AGRESP 200702005150, LUIZ FUX, STJ – PRIMEIRA TURMA, 16/09/2009. (...) 6. Por outro turno, nos casos em que o Fisco constitui o crédito tributário, mediante lançamento, inexistindo quaisquer causas de suspensão da exigibilidade ou de interrupção da prescrição, o prazo prescricional conta-se da data em que o contribuinte for regularmente notificado do lançamento tributário (artigos 145 e 174, ambos do CTN). 7. Entrementes, sobrevindo causa de suspensão de exigibilidade antes do vencimento do prazo para pagamento do crédito tributário, formali-

Ressalte-se, por oportuno, que a ordem judicial não deve ser direcionada no sentido de proibir ou impedir a autoridade fazendária de implementar o lançamento, pois, além de não haver previsão legal no sentido da não suspensão ou interrupção da fluência do prazo decadencial, o lançamento, por expressa disposição dos arts. 3º e 142, ambos do CTN, é ato administrativo vinculado e obrigatório, sob pena de responsabilidade funcional do agente fiscal.

Sacha Calmon,[240] conciliando *de lege ferenda* a situação, afirma que a liminar que impede expressamente o lançamento tem consequências sobre o prazo decadencial, pois se o Poder Judiciário proíbe a prática do ato administrativo do lançamento, não há falar em preclusão, eis que o ato não é livre nem reside na disposição do agente, imobilizando reflexamente o fluir do lapso decadencial. A tese é bastante razoável, mas não encontra amparo na legislação, pelo que com ela não podemos concordar.

Por outro giro, só se pode falar em prazo decadencial até a notificação do lançamento, que é sua condição de eficácia. Com efeito, o prazo decadencial corre durante o procedimento (se este existir) do lançamento, até a notificação válida do contribuinte, na forma como preconizada pela lei do ente político que detém a competência para instituir o tributo.

O verbete da Súmula nº 153, do extinto TFR, já apontava nesta direção: "Constituído, no qüinqüênio, através de auto de infração ou notificação de lançamento, o crédito tributário, não há falar em decadência, fluindo, a partir daí, em princípio, o prazo prescricional, que, todavia, fica em suspenso, até que sejam decididos os recursos

---

zado pelo contribuinte (em se tratando de tributos sujeitos a lançamento por homologação) ou lançado pelo Fisco, não tendo sido reiniciado o prazo ex vi do parágrafo único, do artigo 174, do CTN, o dies a quo da regra da prescrição desloca-se para a data do desaparecimento jurídico do obstáculo à exigibilidade. Sob esse enfoque, a doutrina atenta que nos "casos em que a suspensão da exigibilidade ocorre em momento posterior ao vencimento do prazo para pagamento do crédito, aplicam-se outras regras: a regra da prescrição do direito do Fisco com a constituição do crédito pelo contribuinte e a regra da prescrição do direito do Fisco com lançamento". Assim, "nos casos em que houver suspensão da exigibilidade depois do vencimento do prazo para o pagamento, o prazo prescricional continuará sendo a data da constituição do crédito, mas será descontado o período de vigência do obstáculo à exigibilidade" (Eurico Marcos Diniz de Santi, *in* ob. cit., p. 219/220). 8. Considere-se, por fim, a data em que suceder qualquer uma das causas interruptivas (ou de reinício) da contagem do prazo prescricional, taxativamente elencadas no parágrafo único, do artigo 174, a qual "servirá como dies a quo do novo prazo prescricional de cinco anos, qualificado pela conduta omissiva de o Fisco exercer o direito de ação" (Eurico Marcos Diniz de Santi, ob. cit., p. 227)(...)

[240] COELHO. *Liminares e Depósitos Antes do Lançamento por Homologação* – Decadência e Prescrição. 2. ed. Dialética, 2002, p. 86.

126   *Marcus Lívio Gomes*

administrativos". Os precedentes mais recentes do STJ também seguem esta orientação.[241][242]

5.3.3. *Declarações de dívida e prazos de decadência e prescrição*

As declarações e confissões de dívida por parte do contribuinte, tais como a DCTF, GFIP, GIM e GIA, entre outras previstas em lei, são obrigações acessórias apresentadas à Administração Fazendária, declarando que este deve determinada quantia ao Fisco e, ao mesmo tempo, confessando esta dívida, desde que este efeito esteja previsto em lei.

Isto ocorrerá nas hipóteses do lançamento por homologação, também denominado autolançamento, na forma do art. 150 do CTN. A jurisprudência uníssona do STJ tem entendido que este procedimento dispensa o ato do lançamento tributário, em face da declaração e confissão da dívida.[243]

---

[241] STF – RE 95365 Relator(a): Min. DECIO MIRANDA. Julgamento: 13/11/1981. Órgão Julgador: SEGUNDA TURMA. O CTN estabelece três fases inconfundíveis: a que vai ate a notificação do lançamento ao sujeito passivo, em que corre prazo de decadência (art. 173, I e II); a que se estende da notificação do lançamento até a solução do processo administrativo, em que não correm nem prazo de decadência, nem de prescrição, por estar suspensa a exigibilidade do credito (art. 151, III); a que começa na data da solução final do processo administrativo, quando corre prazo de prescrição da ação judicial da fazenda (art. 174).

[242] STF – RE 91019. Relator(a): Min. MOREIRA ALVES. Julgamento: 18/06/1979. (...) Com a lavratura do auto de infração consuma-se o lançamento do crédito tributário (art. 142 do CTN). Por outro lado, a decadência só é admissível no período anterior a essa lavratura; depois, entre a ocorrência dela e até que flua o prazo para a interposição do recurso administrativo, ou enquanto não for decidido o recurso dessa natureza de que se tenha valido o contribuinte, não mais corre prazo para decadência, e ainda não se iniciou a fluência do prazo de prescrição; decorrido o prazo para a interposição do recurso administrativo, sem que ela tenha ocorrido, ou decidido o recurso administrativo interposto pelo contribuinte, há a constituição definitiva do credito tributário, a que alude o artigo 174, começando a fluir, daí, o prazo de prescrição da pretensão do Fisco. Recurso extraordinário conhecido em parte, mas não provido.

[243] RESP 200701769940, LUIZ FUX, STJ – PRIMEIRA SEÇÃO, 18/09/2009. 1. O prazo decadencial qüinqüenal para o Fisco constituir o crédito tributário (lançamento de ofício) conta-se do primeiro dia do exercício seguinte àquele em que o lançamento poderia ter sido efetuado, nos casos em que a lei não prevê o pagamento antecipado da exação ou quando, a despeito da previsão legal, o mesmo inocorre, sem a constatação de dolo, fraude ou simulação do contribuinte, inexistindo declaração prévia do débito (Precedentes da Primeira Seção: REsp 766.050/PR, Rel. Ministro Luiz Fux, julgado em 28.11.2007, DJ 25.02.2008; AgRg nos EREsp 216.758/SP, Rel. Ministro Teori Albino Zavascki, julgado em 22.03.2006, DJ 10.04.2006; e EREsp 276.142/SP, Rel. Ministro Luiz Fux, julgado em 13.12.2004, DJ 28.02.2005). 2. É que a decadência ou caducidade, no âmbito do Direito Tributário, importa no perecimento do direito potestativo de o Fisco constituir o crédito tributário pelo lançamento, e, consoante doutrina abalizada, encontra-se regulada por cinco regras jurídicas gerais e abstratas, entre as quais figura a regra da decadência do direito de lançar nos casos de tributos sujeitos ao lançamento de ofício, ou nos casos dos tributos sujeitos ao lançamento por homologação em que o contribuinte não efetua o pagamento antecipado (Eurico Marcos Diniz de Santi, "Decadência e Prescrição no Direito Tributário", 3ª ed. Max Limonad, São Paulo, 2004, p. 163/210). 3. O dies a quo do prazo qüinqüenal da aludida regra

Prestada a informação pelo contribuinte no sentido de ser devido determinado tributo, a jurisprudência do STJ tem entendido que não mais se opera a decadência relativamente ao que foi confessado, pois desnecessário o lançamento pelo mesmo valor. Contudo, continuará fluindo o prazo decadencial para o Fisco realizar o lançamento por montante superior ao confessado.

Decorrido o prazo decadencial sem qualquer lançamento de ofício, considera-se homologado tacitamente o valor declarado pelo contribuinte. Inicia-se, então, o prazo prescricional para o Fisco, mediante prévia inscrição em dívida ativa, executar o montante confessado.[244]

Existe controvérsia quanto ao termo inicial da contagem do prazo prescricional nestes casos, se da data da apresentação da declaração ou se da data do vencimento do tributo declarado. Entendemos que esta última tese é a mais coerente com o instituto da prescrição, pois somente a partir do vencimento do tributo é que se pode afirmar que o contribuinte está em mora, em consonância com o princípio da *actio nata*.[245]

---

decadencial rege-se pelo disposto no artigo 173, I, do CTN, sendo certo que o "primeiro dia do exercício seguinte àquele em que o lançamento poderia ter sido efetuado" corresponde, iludivelmente, ao primeiro dia do exercício seguinte à ocorrência do fato imponível, ainda que se trate de tributos sujeitos a lançamento por homologação, revelando-se inadmissível a aplicação cumulativa/concorrente dos prazos previstos nos artigos 150, § 4º, e 173, do Codex Tributário, ante a configuração de desarrazoado prazo decadencial decenal (Alberto Xavier, "Do Lançamento no Direito Tributário Brasileiro", 3ª ed., Forense, Rio de Janeiro, 2005, p. 91/104; Luciano Amaro, "Direito Tributário Brasileiro", 10. ed. Saraiva, 2004, p. 396/400; e Eurico Marcos Diniz de Santi, "Decadência e Prescrição no Direito Tributário", 3. ed. Max Limonad, São Paulo, 2004, p. 183/199). 5. In casu, consoante assente na origem: (i) cuida-se de tributo sujeito a lançamento por homologação; (ii) a obrigação ex lege de pagamento antecipado das contribuições previdenciárias não restou adimplida pelo contribuinte, no que concerne aos fatos imponíveis ocorridos no período de janeiro de 1991 a dezembro de 1994; e (iii) a constituição dos créditos tributários respectivos deu-se em 26.03.2001. 6. Destarte, revelam-se caducos os créditos tributários executados, tendo em vista o decurso do prazo decadencial qüinqüenal para que o Fisco efetuasse o lançamento de ofício substitutivo. 7. Recurso especial desprovido. Acórdão submetido ao regime do artigo 543-C, do CPC, e da Resolução STJ 08/2008.

STJ – RESP 389089 Órgão Julgador: PRIMEIRA TURMA Data da decisão: 26/11/2002 Relator(a) LUIZ FUX. 1. Tratando-se de Declaração de Contribuições de Tributos Federais (DCTF) cujo débito declarado não foi pago pelo contribuinte, torna-se prescindível a homologação formal, passando a ser exigível independentemente de prévia notificação ou da instauração de procedimento administrativo fiscal. 2. Considerando-se constituído o crédito tributário a partir do momento da declaração realizada, mediante a entrega da Declaração de Contribuições de Tributos Federais (DCTF), não há cogitar-se da incidência do instituto da decadência, que retrata o prazo destinado à "constituição do crédito tributário", in casu, constituído pela DCTF aceita pelo Fisco. 3. Destarte, não sendo o caso de homologação tácita, não se opera a incidência do instituto da decadência (artigo 150, § 4º, do CTN), incidindo a prescrição nos termos em que delineados no artigo 174, do CTN, vale dizer: no qüinqüênio subseqüente à constituição do crédito tributário, que, in casu, tem seu termo inicial contado a partir do momento da declaração realizada mediante a entrega da DCTF. 4. Recurso improvido.

[244] PAULSEN, op. cit., p. 1180.

[245] STJ. RESP 1120295. REsp 1120295 / SP. Relator(a) Ministro LUIZ FUX (1122) Órgão Julgador S1 – PRIMEIRA SEÇÃO Data do Julgamento 12/05/2010 Data da Publicação/Fonte DJe

Não obstante, se a entrega da declaração for posterior à data do vencimento (ex: COFINS), como poderia esta data (do vencimento) ser o termo inicial da prescrição, quando o crédito sequer foi constituído pela entrega da declaração (segundo a construção pretoriana do STJ)? Neste caso, o termo inicial será a data da entrega da declaração. Por isso, o STJ entende que o termo inicial da prescrição pode ser a data da entrega da declaração ou do vencimento, depende do que for posterior.[246]

5.3.4. Contagem dos prazos

Art. 173 (...)

I – do primeiro dia do exercício seguinte àquele em que o lançamento poderia ter sido efetuado;

Nos tributos sujeitos ao lançamento por homologação, o prazo de decadência é regido pelo § 4º do art. 150 do CTN. Neste caso, o prazo

---

21/05/2010. PROCESSUAL CIVIL. RECURSO ESPECIAL REPRESENTATIVO DE CONTROVÉRSIA. ARTIGO 543-C, DO CPC. TRIBUTÁRIO. EXECUÇÃO FISCAL. PRESCRIÇÃO DA PRETENSÃO DE O FISCO COBRAR JUDICIALMENTE O CRÉDITO TRIBUTÁRIO. TRIBUTO SUJEITO A LANÇAMENTO POR HOMOLOGAÇÃO. CRÉDITO TRIBUTÁRIO CONSTITUÍDO POR ATO DE FORMALIZAÇÃO PRATICADO PELO CONTRIBUINTE (IN CASU, DECLARAÇÃO DE RENDIMENTOS). PAGAMENTO DO TRIBUTO DECLARADO. INOCORRÊNCIA. TERMO INICIAL. VENCIMENTO DA OBRIGAÇÃO TRIBUTÁRIA DECLARADA. PECULIARIDADE: DECLARAÇÃO DE RENDIMENTOS QUE NÃO PREVÊ DATA POSTERIOR DE VENCIMENTO DA OBRIGAÇÃO PRINCIPAL, UMA VEZ JÁ DECORRIDO O PRAZO PARA PAGAMENTO. CONTAGEM DO PRAZO PRESCRICIONAL A PARTIR DA DATA DA ENTREGA DA DECLARAÇÃO. RESP 644802. Órgão Julgador: SEGUNDA TURMA. Data da decisão: 27/03/2007. Relator(a) ELIANA CALMON. 1. Em se tratando de tributo lançado por homologação, tendo o contribuinte declarado o débito através de Declaração de Contribuições de Tributos Federais (DCTF) e não pago no vencimento, considera-se desde logo constituído o crédito tributário, tornando-se dispensável a instauração de procedimento administrativo e respectiva notificação prévia. 2. Divergências nas Turmas que compõem a Primeira Seção no tocante ao termo a quo do prazo prescricional: a) Primeira Turma: a partir da entrega da DCTF; b) Segunda Turma: da data do vencimento da obrigação. 3. Hipótese dos autos que, por qualquer dos entendimentos está prescrito o direito da Fazenda Nacional cobrar seu crédito. 4. Recurso especial provido.

[246] AgRg no REsp 1227654/SC, Rel. Ministro HUMBERTO MARTINS, SEGUNDA TURMA, julgado em 26/04/2011, DJe 03/05/2011. TRIBUTÁRIO. TRIBUTO SUJEITO A LANÇAMENTO POR HOMOLOGAÇÃO DECLARADO E NÃO PAGO. PRESCRIÇÃO. TERMO INICIAL. ENTREGA DA DECLARAÇÃO. NÃO OCORRÊNCIA DO PRAZO PRESCRICIONAL. HONORÁRIOS ADVOCATÍCIOS. ART. 20, §§ 3º E 4º, DO CPC. CRITÉRIO DE EQUIDADE. 1. Nos termos da jurisprudência pacífica desta Corte, nos tributos sujeitos a lançamento por homologação declarados e não pagos o prazo prescricional inicia-se com o vencimento da obrigação ou a entrega da declaração, o que for posterior. Precedente: REsp 1.120.295/SP, Relator Min. Luiz Fux, apreciado mediante a sistemática dos recursos repetitivos (art. 543-C, do CPC). 2. Hipótese em que não transcorridos mais de cinco anos entre a entrega da declaração e a citação do devedor. Prescrição afastada. 3. Vencida a Fazenda Pública, a fixação dos honorários advocatícios não está adstrita aos limites percentuais de 10% e 20%, podendo ser adotado como base de cálculo o valor dado à causa ou à condenação, nos termos do art. 20, § 4º, do CPC, ou mesmo um valor fixo, segundo o critério de equidade. Agravo regimental improvido.

Extinção do Crédito Tributário

é de 5 (cinco) anos a contar da ocorrência do fato gerador. Expirado o prazo sem que a Fazenda Pública tenha se pronunciado, considera-se homologado o lançamento e definitivamente extinto o crédito tributário, salvo se comprovada a ocorrência de dolo, fraude ou simulação.

Contudo, conforme § 1º deste artigo, deve haver antecipação do pagamento para que se extinga o crédito tributário sob condição resolutória de ulterior homologação. Não pago o crédito tributário na data de vencimento ou pago com dolo, fraude ou simulação, não se pode mais falar em lançamento por homologação, mas lançamento de ofício, nos termos do art. 149 do CTN.

Aplicar-se-ia a regra geral do lançamento prevista no inciso I do art. 173 do CTN. Em que pese o pacífico e unânime entendimento doutrinário sobre este tema, a matéria recebeu tratamento diferenciado pela jurisprudência. A construção pretoriana anterior era no sentido de integrar o prazo do art. 150, § 4º, com o do art. 173, inciso I. As hipóteses e prazos de contagem foram construídas por iterativa jurisprudência do STJ. Tentaremos separá-los de forma didática:

A) No lançamento por homologação, havendo pagamento integral no vencimento, sem dolo, fraude ou simulação, aplica-se isoladamente o § 4º do art. 150, ou seja, cinco (5) anos da ocorrência do fato gerador.

B) Havendo pagamento parcial, aplica-se a regra do pagamento integral, conforme o item anterior.

C) Ocorrendo dolo, fraude ou simulação, aplica-se isoladamente a regra geral do inciso I do art. 173 do CTN, em face da ressalva constante do § 4º do art. 150 do CTN, ao expressar "salvo se comprovada a ocorrência de dolo, fraude ou simulação". Neste sentido o STJ e a doutrina majoritária, podendo citar expressamente Misabel Derzi,[247] Luciano Amaro,[248] Paulo de Barros Carvalho.[249] Em sentido minoritário, cite-se o Ministro do STF Carlos Mario da Silva Velloso, asseverando que o Fisco teria mais cinco anos contados da homologação expressa, com base no inciso VII do art. 149 do CTN. Filiamo-nos ao entendimento de Sacha Calmon, no sentido de não poder haver direito patrimonial incaducável, devendo prevalecer o inciso I do art. 173 do CTN.

D) Não ocorrendo pagamento tempestivo, sem dolo fraude ou simulação, aplicam-se cumulativamente o § 4º do art. 150 (5 anos da

---

[247] BALEEIRO, op. cit., p. 913.

[248] AMARO, op. cit., p. 383.

[249] CARVALHO, op. cit., p. 156.

ocorrência do fato gerador) e o inciso I, art. 173 (5 anos do primeiro dia do exercício seguinte àquele em que o lançamento poderia ter sido efetuado), consagrando a regra dos 5 mais 5 anos para o lançamento.

Leandro Paulsen[250] sintetiza a posição doutrinária a respeito da tese firmada pelo STJ. Aduz o autor que, na hipótese de inexistência de pagamento, não há que se falar em prazo para homologação, de maneira que, na ausência de regra específica para incidir, aplicar-se-ia a regra geral do inciso I do art. 173 do CTN, ou seja, teria o Fisco o prazo de cinco anos, a contar do ano seguinte àquele em que o contribuinte deveria ter efetuado o pagamento e não o fez, para proceder a um lançamento de ofício supletivo. Com isso, assevera, não teríamos a aplicação conjunta de uma regra especial e de uma regra geral.

Luciano Amaro[251] faz comentário relevante no mesmo sentido, ao dispor que, quando não se efetua o pagamento antecipado exigido pela lei, não há possibilidade de lançamento por homologação, pois simplesmente não há o que se homologar.

Tendo em vista que o art. 150 não regulou a hipótese e o inciso V do art. 149 diz apenas que cabe lançamento de ofício, enquanto, obviamente, não extinto o direito de o fisco lançar, o prazo a ser aplicado para a hipótese deve seguir a regra geral do inciso I do art. 173 do CTN, ou seja, cinco anos contados do primeiro dia do exercício seguinte àquele em que o lançamento de ofício poderia ter sido feito.

Nesta linha de pensar já dispunha o extinto TFR por meio do verbete da súmula nº 219, acolhendo a aplicação isolada do inciso I do art. 173 do CTN, no caso de inadimplemento do contribuinte: "Não havendo antecipação de pagamento, o direito de constituir o crédito previdenciário extingue-se decorridos 5 (cinco) anos do primeiro dia do exercício seguinte àquele em que ocorreu o fato gerador".

Portanto, deve prevalecer este posicionamento na falta de disposição expressa que disponha sobre o prazo de lançamento na ausência de pagamento. Não se pode criar regra jurídica nova pela combinação de dispositivos legais isolados que visam a regular situações jurídicas distintas.

Esta integração que levava à soma dos prazos feria o sistema do código, violando a aplicação harmônica e razoável dos seus dispositivos, mostrando-se incoerente no sentido de aplicar a regra dos "5 mais 5".

---

[250] PAULSEN, op. cit., p. 1186.

[251] AMARO, op. cit., p. 384.

A matéria restou pacificada pelo STJ por meio da sistemática do recurso repetitivo. A corte decidiu que o prazo decadencial quinquenal para o Fisco constituir o crédito tributário (lançamento de ofício) conta-se do primeiro dia do exercício seguinte àquele em que o lançamento poderia ter-se efetuado, isso nos casos em que a lei não prevê o pagamento antecipado da exação ou quando, a despeito da previsão legal, ele não ocorre, sem constatação de dolo, fraude ou simulação do contribuinte, inexistindo declaração prévia de débito.

Como consabido, a decadência ou caducidade, no âmbito do Direito Tributário, importa perecimento do direito potestativo de o Fisco constituir o crédito tributário pelo lançamento. Ela é regulada por cinco regras jurídicas gerais e abstratas, entre as quais figura a decadência do direito de lançar nos casos sujeitos ao lançamento de ofício ou nos casos dos tributos sujeitos ao lançamento por homologação em que o contribuinte não efetua o pagamento antecipado.

É o inciso I do art. 173 do CTN que rege o aludido prazo quinquenal decadencial, sendo certo afirmar que o primeiro dia do exercício seguinte àquele em que o lançamento poderia ter sido efetuado corresponde ao primeiro dia do exercício seguinte à ocorrência do fato imponível, ainda que se trate de tributos sujeitos à homologação. Assim, mostra-se inadmissível aplicar, cumulativamente ou concorrentemente, os prazos previstos nos arts. 150, § 4º, e 173, diante da configuração de injustificado prazo decadencial decenal.[252]

II – da data em que se tornar definitiva a decisão que houver anulado, por vício formal, o lançamento anteriormente efetuado.

---

[252] REsp 973.733-SC, Rel. Min. Luiz Fux, julgado em 12/8/2009. RECURSO REPETITIVO. DECADÊNCIA. TRIBUTO. LANÇAMENTO. HOMOLOGAÇÃO. O prazo decadencial quinquenal para o Fisco constituir o crédito tributário (lançamento de ofício) conta-se do primeiro dia do exercício seguinte àquele em que o lançamento poderia ter-se efetuado, isso nos casos em que a lei não prevê o pagamento antecipado da exação ou quando, a despeito da previsão legal, ele não ocorre, sem constatação de dolo, fraude ou simulação do contribuinte, inexistindo declaração prévia de débito. Como consabido, a decadência ou caducidade, no âmbito do Direito Tributário, importa perecimento do direito potestativo de o Fisco constituir o crédito tributário pelo lançamento. Ela é regulada por cinco regras jurídicas gerais e abstratas, entre as quais figura a decadência do direito de lançar nos casos sujeitos ao lançamento de ofício ou nos casos dos tributos sujeitos ao lançamento por homologação em que o contribuinte não efetua o pagamento antecipado. É o art. 173, I, do CTN que rege o aludido prazo quinquenal decadencial, sendo certo afirmar que o primeiro dia do exercício seguinte àquele em que o lançamento poderia ter sido efetuado corresponde ao primeiro dia do exercício seguinte à ocorrência do fato imponível, ainda que se trate de tributos sujeitos à homologação. Assim, mostra-se inadmissível aplicar, cumulativamente ou concorrentemente, os prazos previstos nos arts. 150, § 4º, e 173, ambos do CTN, diante da configuração de injustificado prazo decadencial decenal. Com esse entendimento, a Seção negou provimento ao especial regulado pelo disposto no art. 543-C do CPC e Res. n. 8/2008-STJ (recurso repetitivo). Precedentes citados: REsp 766.050-PR, DJ 25/2/2008; AgRg nos EREsp 216.758-SP, DJ 10/4/2006, e EREsp 276.142-SP, DJ 28/2/2005

O dispositivo trata de suposta hipótese de interrupção do prazo decadencial. Comentando o dispositivo, Luciano Amaro o condena, afirmando que o mesmo comete um equívoco, pois introduz, ao arrepio da doutrina, causa de interrupção e suspensão do prazo decadencial (suspensão porque o prazo não flui na pendência do processo em que se discute a nulidade do lançamento, e interrupção porque o prazo recomeça a correr do início e não da marca já atingida no momento em que ocorreu o lançamento nulo).

Esta posição não merece prosperar, pois no Direito Tributário existem especificidades, características e elementos que distinguem o instituto da decadência do Direito Privado, autorizado pelos artigos 109 e 110, ambos do CTN, ao disporem que a lei tributária pode atribuir efeitos tributários distintos aos institutos do Direito Privado não utilizados pela Constituição para definir ou limitar competências tributárias.

A decisão, segundo Sacha Calmon,[253] só pode ser de natureza administrativa, ocorrendo no bojo de um processo de revisão de lançamento, autocontrole do ato administrativo do lançamento pela própria administração. Complementa afirmando que, se a decisão fosse judicial, já não se trataria mais de decadência, pois o crédito já estaria formalizado, estando o direito de crédito já incorporado ao patrimônio jurídico da Fazenda Pública.

Comprova a sua argumentação com o art. 146 do CTN, adunando que, se existe a regra da imutabilidade do lançamento, não podendo a Fazenda Pública alterá-lo por erro de direito, não poderia ela alterá-lo, sem limite de tempo, por erro meramente formal. A tese é robusta e convence, pois o erro nunca deve beneficiar o autor, com arrimo, também, no art. 149, parágrafo único, do CTN.

Já Ruy Barbosa Nogueira[254] encampa tese oposta no sentido de que tal decisão pode ser administrativa ou judicial, no mesmo sentido de Luiz Emigdio, com base nos incisos IX e X do art. 156 do CTN. Para este autor, o artigo trata do ato anulável, pois o ato nulo é apenas declarado ou reconhecido nulo pela decisão.

Faz crítica ao dispositivo, ao passo que este recria prazo inicial de decadência. Entretanto, não se poderia falar em novo prazo de decadência a começar não do fato gerador, mas da decisão que anulou o lançamento. Para ele, o fato gerador decorre da lei e da realização do fato típico e jamais da decisão. Assim alinhando-se com Sacha Cal-

---

[253] COELHO, op. cit., p. 850.
[254] NOGUEIRA, op. cit., p. 328.

Extinção do Crédito Tributário

mon, afirma que a revisão deve ocorrer dentro do prazo inicial de decadência para fazer o lançamento. Este é o melhor entendimento, ao qual nos filiamos.

Por fim, para alguns autores, como Ricardo Lobo Torres[255] e Bernardo Ribeiro de Moraes,[256] trata-se de um novo direito de lançar, com um novo prazo e, portanto, não há que se falar em interrupção do prazo decadencial. Para outros, como Paulo de Barros Carvalho[257] e Hugo de Brito Machado,[258] trata-se de interrupção do prazo decadencial porque a Fazenda volta a ter, por inteiro, o prazo de cinco anos para efetivar o lançamento, um novo direito de lançar.

Sobre o conceito de decisão definitiva, na esfera federal, cito como exemplo o Decreto nº 70.235/72 (artigos 31, 34 e 43). Sobre o conceito de anulação de ato administrativo por vício formal, cito como exemplo, na esfera federal, a Lei nº 9.784/99 (artigos 53 e 54).[259]

> Parágrafo único. O direito a que se refere este artigo extingue-se definitivamente com o decurso do prazo nele previsto, contado da data em que tenha sido iniciada a constituição do crédito tributário pela notificação, ao sujeito passivo, de qualquer medida preparatória indispensável ao lançamento.

O dispositivo trata de antecipação do termo final do prazo decadencial. Quando o contribuinte foi notificado ou intimado pelo Fisco no próprio exercício em que o lançamento poderia ter sido efetuado, deste mesmo exercício em que se deu início a implementação do lançamento é que começa a correr o prazo de cinco anos para a conclusão do procedimento do lançamento.

Por exemplo, notificado o contribuinte em 10 de fevereiro de 2003, no caso do lançamento de ofício do IPTU, cujo fato gerador ocorreu no dia 01/01/2003, o termo final do prazo de decadência será no dia 10 de fevereiro de 2004, por aplicação integrada do art. 210 do CTN. Neste caso, a decadência não vai esperar o fim do exercício, mas se consumará antes, porque houve medida preparatória que deu início ao procedimento do lançamento.

---

[255] TORRES, op. cit., p. 258.

[256] MORAIS, op. cit., p. 378.

[257] CARVALHO, op. cit., p. 311.

[258] MACHADO, op. cit., p. 146.

[259] Art. 53. A Administração deve anular seus próprios atos, quando eivados de vício de legalidade, e pode revogá-los por motivo de conveniência ou oportunidade, respeitados os direitos adquiridos. Art. 54. O direito da Administração de anular os atos administrativos de que decorram efeitos favoráveis para os destinatários decai em cinco anos, contados da data em que foram praticados, salvo comprovada má-fé.

Poderíamos enquadrar nesta hipótese, como um segundo exemplo, o caso de notificação para apresentar documentos comprobatórios do que consta na declaração de renda do contribuinte. Como nos tributos sujeitos ao lançamento por homologação o lançamento pode ser efetivado a partir do momento da entrega da declaração de rendimentos do contribuinte, podemos afirmar que o termo inicial do prazo decadencial é o dia 1º de janeiro do exercício seguinte a essa apresentação. Contudo, não há impedimento legal que proíba o Fisco, à luz do parágrafo único, art. 173, CTN, iniciar, através de notificação válida, o procedimento do lançamento, antecipando o prazo decadencial como no exemplo anterior.

Por derradeiro, a notificação posterior ao início do prazo não terá efeito algum sobre a contagem dos prazos de decadência, pois o termo inicial já terá tido início, conforme o inciso I do art. 173 do CTN. No mesmo sentido a doutrina, por todos, Luciano Amaro.[260]

5.4. Prescrição

Art. 174. A ação para a cobrança do crédito tributário prescreve em cinco anos, contados da data da sua constituição definitiva.

Inicialmente, ressalte-se que a tese da prescrição intercorrente no bojo do processo administrativo não é acolhida na jurisprudência pátria. Isto porque inexiste inércia da Administração Tributária a justificar a aplicação da prescrição, teoria da *actio nata*, quando este processo tem sua marcha regular. Sem embargo, esta postura pode mudar com a EC nº 45/04.

Entre as alterações promovidas na Constituição Federal, através da Emenda Constitucional nº 45, de 8 de dezembro de 2004, encontra-se a introdução do inciso LXXVIII, ao art. 5º, estabelecendo que "a todos, no âmbito judicial e administrativo, são assegurados a razoável duração do processo e os meios que garantam a celeridade de sua tramitação".

Trata-se de um novo direito fundamental, já que inserido no capítulo dos Direitos e Deveres Individuais e Coletivos. O objetivo desta norma constitucional é tornar o Poder Público mais eficaz, célere, no sentido de assegurar ao cidadão uma justiça mais ágil, resultando em uma maior efetividade na prestação jurisdicional e na autotutela administrativa através do processo administrativo.

---

[260] AMARO, op. cit., *p.* 384.

Extinção do Crédito Tributário

No nível federal foi publicada a Lei n° 9.784/99, que regula o processo administrativo no âmbito da Administração Pública. Frise-se, também, que a Constituição de 1988 estendeu ao processo administrativo todos os princípios processuais constitucionais, a exemplo do devido processo legal, do contraditório e da ampla defesa, abrindo, assim, um novo foco de discussão sobre os direitos do contribuinte em face dos atos do Poder Público.

5.4.1. Reconhecimento da prescrição de ofício no Direito Tributário

Por força do inciso V do art. 156 do CTN, a prescrição, no Direito Tributário, atinge não apenas a ação, como o próprio direito material,[261] eis que extingue o crédito tributário. Assim, como consequência, o pagamento do crédito prescrito é indevido, ensejando a repetição do indébito em face da ausência de causa jurídica que esteie o pagamento. Corrobora esta afirmação o inciso I do art. 165 do CTN.

Leandro Paulsen faz abordagem interessante, tese com a qual nos alinhamos, no sentido de que a prescrição em matéria tributária atinge o fundo de direito, equiparando-se à decadência quanto a tal efeito, de modo que enseja o reconhecimento de ofício pelo Juiz em execução fiscal, pois não há mais crédito a executar.

O entendimento pacificado no STJ[262] era no sentido oposto, no seio da Primeira Seção, afirmando que a prescrição não podia ser acolhida de ofício, nos termos do § 5° do art. 219 do CPC.[263] Esta postura se justificava pelo fato de que a jurisprudência do STJ é no sentido de que a subsidiariedade das normas processuais e substantivas constan-

---

[261] MACHADO, op. cit., p. 149.

[262] Deve-se ressaltar que o tema da prescrição não foi acolhido pelo STF como de Repercussão Geral, o que legitima toda a jurisprudência do STJ sobre este tema. Neste sentido adunamos os acórdãos: REPERCUSSÃO GERAL EM RE N. 602.883-SP. RELATORA: MIN. ELLEN GRACIE. TRIBUTÁRIO. EXECUÇÃO FISCAL. INTERRUPÇÃO DO PRAZO PRESCRICIONAL. CONFLITO ENTRE A APLICAÇÃO DO ART. 174, PARÁGRAFO ÚNICO, I, DO CTN, COM REDAÇÃO ANTERIOR À LC 118/05, E A DO ART. 8°, § 2°, DA LEI 6.830/80. MATÉRIA INFRACONSTITUCIONAL. INEXISTÊNCIA DE REPERCUSSÃO GERAL.Tema DIREITO TRIBUTÁRIO – Crédito Tributário – Extinção do Crédito Tributário – Prescrição – Interrupção. Não há repercussão geral Acórdão Publicado Fim do Julgamento 13/08/2010 Processos RE 602883 – JUIZ DE DIREITO O Tribunal, por unanimidade, recusou o recurso extraordinário ante a ausência de repercussão geral da questão, por não se tratar de matéria constitucional. Tema Direito tributário. Execução fiscal. Prescrição. Decretação de ofício. Ausência de intimação da Fazenda Pública. DIREITO PROCESSUAL CIVIL E DO TRABALHO – Liquidação – Cumprimento – Execução de Sentença – Extinção da Execução Não há repercussão geral Acórdão Publicado Fim do Julgamento 05/03/2009 Processos RE 583747 – TRIBUNAL DE JUSTIÇA ESTADUAL Decisão: O Tribunal, por maioria, recusou o recurso extraordinário ante a ausência de repercussão geral da questão constitucional suscitada, vencidos os Ministros Ellen Gracie e Marco Aurélio.

[263] PAULSEN, op. cit., p. 1190.

tes do CTN apenas é afastada quando este regula de forma distinta os institutos ou nega-lhes aplicação.

Neste diapasão, aduzia a jurisprudência que no CTN não se vislumbrava norma autorizativa de declarar-se de ofício a prescrição tributária, nem mesmo por ilação do art. 156, inciso V c/c 174, todos do CTN. A Egrégia Corte afirmava que a prescrição tributária não se confundia com a decadência, pois esta faz caducar o próprio direito ou a pretensão de constituir (na linguagem do CTN) o crédito tributário, pelo lançamento.

Já a prescrição fazia caducar a exequibilidade da pretensão à execução fiscal, ou seja, a ação para cobrá-lo. Assim, o § 5º do art. 219 do CPC estava em harmonia com o art. 174 do CTN. Sendo a execução fiscal ação de natureza patrimonial, era vedado ao julgador conhecer da prescrição de direitos patrimoniais, sem que seja invocada pelas partes.

Contudo, conforme já comentado, com o advento da Lei nº 11.051, de 29.12.2004, que acrescentou o § 4º ao art. 40 da Lei nº 6.830/80, tornou-se possível a decretação *ex officio* da prescrição pelo juiz, mas somente nos casos de prescrição intercorrente, após ouvido o representante da Fazenda Pública.

Em seguida, foi editada a Lei nº 11.280, de 16.2.2006, com vigência a partir de 17.5.2006. O § 5º do art. 219 do CPC passou a viger com a seguinte redação: "O juiz pronunciará, de ofício, a prescrição". Após a vigência desta, autoriza-se a decretação *ex officio* da prescrição sem a prévia provocação do interessado.[264] A única ressalva é de que, em se tratando de prescrição intercorrente, antes de pronunciá-la, deve ouvir a Fazenda Pública. Exceção ao que acabou de ser dito deve ser observado quanto ao § 5º do art. 40 da LEF, incluído pela Lei nº 11.960/09, que dispensa a oitiva prévia da Fazenda Pública no caso de dívidas de diminuto valor.[265] Tratando-se de norma de natureza processual,

---

[264] Súmula 409 do STJ: Em execução fiscal, a prescrição ocorrida antes da propositura da ação pode ser decretada de ofício.

[265] Registre-se que existem opiniões em contrário na doutrina. Fredie Didier Jr. *Curso de Direito Processual Civil* v. 2, 7ª edição: Revista, ampliada e atualizada. Salvador: Editora Juspodivm, (2012), o juiz deve ouvir previamente a Fazenda Pública mesmo no caso de pronuncia de prescrição material, ou seja, a exigência é válida não apenas quando a prescrição for intercorrente. Segundo o autor, atuar ex *officio* significa atuar sem requerimento (provocação) de qualquer uma das partes. Contudo, poder decidir de ofício, sem ninguém pedir, não é uma autorização para decidir sem contraditório. Prossegue no sentido de que a parte tem o direito de manifestar-se sobre todas as questões relevantes para a decisão da causa. O juiz, portanto, não pode proferir uma decisão com base em questão de fato ou de direito, mesmo aquela conhecida de ofício, sem antes dar oportunidade para a parte manifestar-se sobre ela. Para alguns, a lei positivou esse entendimento no caso de prescrição intercorrente (art. 40, § 4º, da LEF). No caso específico de prescrição material (ou original), a Fazenda Pública precisa ser ouvida pelos mesmos motivos que impõem

Extinção do Crédito Tributário

tem aplicação imediata, alcançando inclusive os processos em curso, cabendo ao juiz da execução decidir a respeito da sua incidência.

5.4.2. Fluência e suspensão do prazo prescricional

Relembrando, a constituição definitiva do crédito tributário ocorre com o lançamento notificado ao contribuinte. A partir deste momento está afastada a decadência. Por outro giro, a suspensão da exigibilidade do crédito tributário suspende a contagem do prazo prescricional para o ajuizamento da execução fiscal se ele já tiver tido início (efeito suspensivo) ou impede o início da contagem (efeito impeditivo).

Assim, o prazo prescricional só correrá após a decisão final no processo administrativo fiscal não mais sujeita a recurso, cassação da tutela de urgência (tutela antecipada, liminar em mandado de segurança e liminar em ação cautelar) em provimento judicial desfavorável ao contribuinte ou descumprimento de parcelamento, caso não haja depósito a ser convertido em renda quando da suspensão da exigibilidade.

A suspensão do prazo prescricional por 180 dias após a inscrição em dívida ativa, conforme o § 3º do art. 2º da LEF, tangencia o CTN, pelo que com este deve ser confrontado. Araken de Assis[266] assevera que, no que tange aos créditos tributários, o § 3º do art. 2º da LEF se mostra inconstitucional, pois a LEF, Lei Ordinária nº 6.830/80, avançou em matéria sob reserva de lei complementar (art. 146, inciso III, alínea *b*, da CF/88) e neste sentido já havia se consolidado a jurisprudência do STJ. O STF[267] veio a corroborar esta interpretação, a qual passamos a comentar.

O instituto da prescrição tributária tem regulamentação prevista nas normas gerais de Direito Tributário, matéria reservada à lei complementar (art. 146, inciso III, alínea *c*, da CF/88). Sobre a matéria, o STF já assentou que são inconstitucionais os artigos 45 e 46 da Lei

---

a sua oitiva no caso de prescrição intercorrente (exigência do contraditório, possibilidade de influir no resultado da decisão), até porque, naquela hipótese (prescrição original), também é possível a existência de alguma causa suspensiva ou interruptiva do prazo prescricional que, embora não conste nos autos da execução fiscal, pode ser aferida no sistema operacional da PFN ou da SRF. Portanto, nesta linha de pensar, agir de forma diversa seria, no mínimo, temerário, além de contrário ao devido processo legal e seus consectários.

[266] ASSIS, Araken. *Manual do Processo de Execução*. 8. ed. São Paulo: RT, 2000, p. 922.

[267] RE 560626/RS, rel. Min. Gilmar Mendes, 11 e 12.6.2008. (RE-560626); RE 556664/RS, rel. Min. Gilmar Mendes, 11 e 12.6.2008. (RE-556664); RE 559882/RS, rel. Min. Gilmar Mendes, 11 e 12.6.2008. (RE-559882)

n° 8.212/91,[268] por violação do art. 146, inciso III, alínea "b", da CF/88, e o parágrafo único do art. 5° do Decreto-Lei n° 1.569/77,[269] em face do § 1° do art. 18 da CF/67, com a redação dada pela EC 1/69.

Asseverou a corte, no ponto, que a Constituição não definiu normas gerais de Direito Tributário, mas adotou expressão utilizada no próprio CTN, sendo razoável presumir que o constituinte acolheu a disciplina do CTN, inclusive referindo-se expressamente à prescrição e decadência, o que pressupõe a própria força normativa e concretizadora da Constituição que, de forma clara, pretendeu a disciplina homogênea e estável da prescrição, da decadência, da obrigação e do crédito tributário.

O STF ressaltou, ainda, que, não obstante a doutrina não tivesse se desenvolvido muito no sentido da busca da adequada definição para "normas gerais", seria possível extrair, na interpretação dos diversos dispositivos constitucionais que estabeleceram reserva de matéria à disciplina de lei complementar, que a esta espécie legislativa foi dada a incumbência de fixar normas com âmbito de eficácia nacional e não apenas federal.

Aduziu a corte constitucional que não se justificaria, ao menos mediante legislação ordinária, a criação de hipóteses de suspensão ou interrupção, nem o incremento ou redução de prazos, sob pena de se admitirem diferenciações em cada um dos Estados e Municípios e para cada espécie tributária, mesmo dentro de uma mesma esfera política, com evidente prejuízo à vedação constitucional de tratamento desigual entre contribuintes que se encontrem em situação equivalente e à segurança jurídica.

Estes precedentes vieram a corroborar a jurisprudência dominante da Corte no sentido da exigência de lei complementar para a disciplina dos institutos da prescrição e da decadência tributárias, inclusive quanto à definição de prazos e hipótese de suspensão da correspondente fluência.

Não custa relembrar que, se o texto do § 1° do art. 18 da CF/67 ensejava questionamento acerca da função da lei complementar sobre normas gerais, a CF/88 eliminou qualquer possibilidade de se

---

[268] Lei n° 8.212/91: "Art. 45. O direito da Seguridade Social apurar e constituir seus créditos extingue-se após 10 (dez) anos contados:... Art. 46. O direito de cobrar os créditos da Seguridade Social, constituídos na forma do artigo anterior, prescreve em 10 (dez) anos".

[269] DL n° 1.569/77: "Art. 5° Sem prejuízo da incidência da atualização monetária e dos juros de mora, bem como da exigência da prova de quitação para com a Fazenda Nacional, o Ministro da Fazenda poderá determinar a não inscrição como Dívida Ativa da União ou a sustação da cobrança judicial dos débitos de comprovada inexeqüibilidade e de reduzido valor. Parágrafo único – A aplicação do disposto neste artigo suspende a prescrição dos créditos a que se refere".

Extinção do Crédito Tributário

acolher a teoria dicotômica, ao elencar, em incisos diferentes, normas gerais, conflitos de competência e limitações ao poder de tributar, e ao esclarecer que, dentre as normas gerais, a lei complementar teria de tratar especialmente de obrigação, crédito tributário, prescrição e decadência.

Assim, se a Constituição Federal de 1988 reservou à lei complementar a regulação da prescrição e da decadência tributárias, julgando-as de forma expressa normas gerais de Direito Tributário, não haveria espaço para que a lei ordinária atuasse e disciplinasse a mesma matéria.

Por este prisma, o STF repeliu a tese de que a norma que estabelece as situações de interrupção ou suspensão da prescrição na pendência do processo seria de natureza processual. No ponto, foi dito que normas que dispõem sobre prescrição ou decadência sempre são de direito substantivo, as quais – quando fixam prazos decadenciais e prescricionais, seus critérios de fluência –, alcançam o próprio direito material debatido, seja para definir situações de extinção ou casos de inexigibilidade, sendo certo que, em Direito Tributário, ambos os institutos implicam a extinção de direitos para a Fazenda Pública.

O STF foi mais além, corroborando jurisprudência em recurso repetitivo do STJ,[270] ao afirmar que, na hipótese de arquivamento dos autos sem baixa na distribuição no que tange aos créditos de pequeno valor, na forma do art. 20 da Lei nº 10.522/2007,[271] sequer seria hipótese de suspensão da exigibilidade do crédito, porque não impedi-

---

[270] RECURSO REPETITIVO. EXECUÇÃO FISCAL. PRESCRIÇÃO. VALOR IRRISÓRIO. A Seção, ao julgar recurso representativo de controvérsia (art. 543-C do CPC e Res. n. 8/2008 do STJ), desproveu-o, reiterando o entendimento de que incide a regra da prescrição intercorrente (art. 40, § 4º, da Lei n. 6.830/1980) na hipótese de execução fiscal de valor irrisório (prevista no art. 20 da Lei n. 10.522/2002, anterior à Lei n. 11.033/2004), normas que fixam o arquivamento e limite do valor sem baixa na distribuição. Ademais, independente de outros casos de arquivamento de execuções fiscais previstas em lei, nada impede a prescrição intercorrente do § 4º do art. 40 da LEF, considerando que não há incompatibilidade na aplicação das regras citadas, quando não há localização do devedor ou de bens passíveis de penhora, e paralisadas por mais de cinco anos contados a partir da decisão que determinou o arquivamento. Tal exegese impõe-se, sobretudo, pelo princípio da segurança jurídica, o de haver um limite temporal para o desarquivamento de ações de cobrança, evitando a sua perpetuação e imprescritibilidade, sujeitas à discricionariedade da Fazenda Pública ou de seus órgãos administrativos. Precedentes citados: REsp 1.081.546-PE, DJe 24/11/2008; REsp 1.042.587-RS, DJe 7/5/2008; AgRg no REsp 970.220-SC, DJe 4/11/2008; REsp 1.057.477-RN, DJe 2/10/2008, e REsp 980.369-RS, DJ 18/10/2007. REsp 1.102.554-MG, Rel. Min. Castro Meira, julgado em 27/5/2009.

[271] Art. 20. Serão arquivados, sem baixa na distribuição, mediante requerimento do Procurador da Fazenda Nacional, os autos das execuções fiscais de débitos inscritos como Dívida Ativa da União pela Procuradoria-Geral da Fazenda Nacional ou por ela cobrados, de valor consolidado igual ou inferior a R$ 10.000,00 (dez mil reais). (Redação dada pela Lei nº 11.033, de 2004). § 1º Os autos de execução a que se refere este artigo serão reativados quando os valores dos débitos ultrapassarem os limites indicados.(...)

ria que a Fazenda Nacional utilizasse outras formas, menos onerosas, para obtenção do respectivo pagamento.

Assim, nada haveria de inconstitucional no arquivamento sem baixa dos autos, nesses casos, estando o vício no § 1º que, invadindo o campo reservado à lei complementar, prevê hipótese de suspensão da prescrição e cria situação de imprescritibilidade, que também não possui fundamento constitucional.

Deve-se frisar, por fim, que é possível a aplicação do art. 2º, § 3º, da LEF às execuções de créditos não tributários.[272] [273]

---

[272] STJ – AGRESP 1026539. Órgão Julgador: SEGUNDA TURMA. Data da decisão: 08/04/2008. Relator(a) HUMBERTO MARTINS. 1. Com o advento da Lei n. 11.051, de 29.12.2004, que acrescentou o § 4º ao art. 40 da Lei n. 6.830/80, tornou-se possível a decretação ex officio da prescrição pelo juiz, mas somente nos casos de prescrição intercorrente, após ouvido o representante da Fazenda Pública. 2. Na hipótese dos autos, a sentença foi proferida na vigência da Lei n. 11.051/2004, que alterou o art. 40 da LEF, e o magistrado de primeiro grau ouviu previamente a Fazenda antes de decretar a prescrição, consoante se percebe na sentença. 3. Ao contrário do que tenta convencer a recorrente, a hipótese prevista no art. 20 da Lei n. 10.522/02, a qual determina o arquivamento sem baixa das execuções fiscais de pequeno valor, não causa suspensão do prazo prescricional para a cobrança de débito tributário, em vista de caber somente a lei complementar dispor sobre esse instituto. Agravo regimental improvido.

[273] INCONSTITUCIONALIDADE PARCIAL. PRESCRIÇÃO TRIBUTÁRIA. RESERVA. LC. Trata-se de incidente de inconstitucionalidade dos arts. 2º, § 3º, e 8º, § 2º, da Lei n. 6.830/1980 (Lei de Execuções Fiscais – LEF) suscitado em decorrência de decisão do STF. A Fazenda Nacional, invocando a Súmula Vinculante n. 10-STF, interpôs recurso extraordinário (RE) contra acórdão deste Superior Tribunal, alegando, essencialmente, a negativa de aplicação do art. 8º, § 2º, da LEF sem declarar a sua inconstitucionalidade, o que constitui ofensa ao art. 97 da CF/1988. O STF deu provimento ao recurso da Fazenda para anular o acórdão e determinou, em consequência, que fosse apreciada a controvérsia constitucional suscitada na causa, fazendo-o, no entanto, com estrita observância do que dispõe o art. 97 da CF/1988. Portanto, coube definir, nesse julgamento, a questão da constitucionalidade formal do § 2º do art. 8º da LEF, bem como, dada a sua estreita relação com o tema, do § 3º do art. 2º da mesma lei, na parte que dispõe sobre matéria prescricional. Essa definição teve como pressuposto investigar se, na data em que foram editados os citados dispositivos (1980), a Constituição mantinha a matéria neles tratada (prescrição tributária) sob reserva de lei complementar (LC). Ressaltou, a priori, o Min. Relator que a recente alteração do art. 174 do CTN, promovida pela LC n. 118/2005, é inaplicável à hipótese dos autos, visto que o despacho que ordenou a citação do executado deu-se antes da entrada em vigor da modificação legislativa, incidindo ao fato o art. 174 do CTN na sua redação originária. Observou, também, ser jurisprudência pacífica deste Superior Tribunal que o art. 8º, § 2º, da LEF, por ser lei ordinária, não revogou o inciso I do parágrafo único do art. 174 do CTN, por ostentar esse dispositivo, já à época, natureza de LC. Assim, o citado art. 8º, § 2º, da LEF tem aplicação restrita às execuções de dívidas não tributárias. Explicou que a mesma orientação é adotada em relação ao art. 2º, § 3º, da LEF, o qual, pela mesma linha de argumentação, ou seja, de que lei ordinária não era apta a dispor sobre matéria de prescrição tributária, é aplicável apenas a inscrições de dívida ativa não tributária. Também apontou ser jurisprudência pacificada no STJ que tem respaldo em recentes precedentes do STF em casos análogos, segundo a qual, já no regime constitucional de 1967 (EC n. 1/1969), a prescrição e a decadência tributária eram matérias reservadas à lei complementar. Asseverou, ainda, que, justamente com base nesse entendimento, o STF julgou inconstitucional o parágrafo único do art. 5º do DL n. 1.569/1977, editado na vigência da referida EC, tratando de suspensão de prazo prescricional de créditos tributários (Súmula Vinculante n. 8-STF). Dessa forma, concluiu que as mesmas razões adotadas pelo STF para declarar a inconstitucionalidade do citado parágrafo único determinam a inconstitucionalidade, em relação aos créditos tributários, do § 2º do art. 8º da LEF (que cria hipótese de interrupção da prescrição), bem como do § 3º do art. 2º da mesma lei (no que se refere à hipótese de suspensão da

5.4.3. Suspensão da execução fiscal e a prescrição intercorrente

O tema referente à suspensão da execução enquanto não localizado o devedor ou encontrados bens sobre os quais possa recair a penhora, previsto no *caput* do art. 40 e parágrafos da LEF, ainda não obteve consolidação da interpretação jurisprudencial pelo STJ. O STF vem sustentando que é inviável o processamento do extraordinário para debater controvérsia de caráter processual, pois eventual ofensa à Constituição somente poderia ocorrer de forma indireta.[274]

A relevância está em definir o termo inicial da contagem do prazo da prescrição intercorrente, se da decisão que ordenar o arquivamento dos autos (§ 4°) ou do despacho que determinar a suspensão dos autos (*caput*), frisando-se inexistirem estas hipóteses de suspensão da prescrição no art. 174 do CTN.

A regra geral do processo de execução é a de que a citação do devedor interrompe a prescrição, pois a partir deste momento existe processo com a triangularização da relação jurídica processual. Ordenada a citação do devedor em execução fiscal, na forma do inciso I do parágrafo único do art. 174 do CTN, ocorre a interrupção do curso processual, podendo nunca mais voltar a correr, desde que o exequente conduza o processo de forma regular, ainda que esta regularidade implique uma tramitação longa e demorada.

Neste diapasão, a prescrição não volta imediatamente a correr, ou seja, enquanto o autor diligenciar no acompanhamento processual,

---

prescrição). Ressaltou, por fim, que o reconhecimento da inconstitucionalidade deve ser parcial, sem redução de texto, visto que tais dispositivos preservam sua validade e eficácia em relação a créditos não tributários objeto de execução fiscal e, com isso, reafirmou a jurisprudência do STJ sobre a matéria. Ante o exposto, a Corte Especial, ao prosseguir o julgamento, acolheu, por maioria, o incidente para reconhecer a inconstitucionalidade parcial dos arts. 2°, § 3°, e 8°, § 2°, da Lei n. 6.830/1980, sem redução de texto. Os votos vencidos acolhiam o incidente de inconstitucionalidade em maior extensão. Precedentes citados do STF: RE 106.217-SP, DJ 12/9/1986; RE 556.664-RS, DJe 14/11/2008; RE 559.882-RS, DJe 14/11/2008; RE 560.626-RS, DJe 5/12/2008; do STJ: REsp 667.810-PR, DJ 5/10/2006; REsp 611.536-AL, DJ 14/7/2007; REsp 673.162-RJ, DJ 16/5/2005; AgRg no REsp 740.125-SP, DJ 29/8/2005; REsp 199.020-SP, DJ 16/5/2005; EREsp 36.855-SP, DJ 19/6/1995; REsp 721.467-SP, DJ 23/5/2005; EDcl no AgRg no REsp 250.723-RJ, DJ 21/3/2005; REsp 112.126-RS, DJ 4/4/2005, e AgRg nos EDcl no REsp 623.104-RJ, DJ 6/12/2004. AI no Ag 1.037.765-SP, Rel. Min. Teori Albino Zavascki, julgada em 2/3/2011. (STJ, Inf. 465, Corte Especial)

[274] RE 593311 AgR / RS – RIO GRANDE DO SUL AG.REG.NO RECURSO EXTRAORDINÁRIO Relator(a): Min. CÁRMEN LÚCIA Julgamento: 25/08/2009 Órgão Julgador: Primeira Turma Publicação DJe-176 DIVULG 17-09-2009 PUBLIC 18-09-2009 EMENT VOL-02374-07 PP-01292. Parte(s) AGTE.(S): UNIÃO ADV.(A/S): Procuradoria-Geral da Fazenda Nacional AGDO.(A/S): Indústria de Calçados Delvan Ltda: Agravo Regimental no Recurso Extraordinário. Processual Civil. Execução Fiscal. Prescrição: Suspensão e interrupção. Lei n. 6.830/80. Impossibilidade de análise da legislação infraconstitucional. Ofensa constitucional indireta. Agravo regimental ao qual se nega provimento.

praticando os atos que lhe competirem e impulsionando o feito, quando isto for de sua incumbência, a prescrição não voltará a ter curso, pois eventual e anormal obstáculo à regular marcha processual não poderá ser atribuída ao exequente.

Não obstante, alguns fatores anormais poderão ensejar a ruptura da regular marcha processual, com reflexos relevantes na prescrição. Pode-se exemplificar com a inviabilização da garantia do juízo pela ausência de bens penhoráveis, ensejando a suspensão do processo na forma do *caput* do art. 40 da LEF.

Suspenso o processo nesta hipótese, começa o período regular tolerado pelo processo, no qual o exequente deverá diligenciar a fim de apresentar ao juízo elementos que permitam supor a existência de patrimônio do executado apto a suportar a execução e, assim, a retomada da marcha processual, prazo este de um (1) ano, findo o qual, inexistindo bens, o juiz deve determinar o arquivamento provisório dos autos, sem baixa no registro da distribuição, na forma do § 2º do art. 40 da LEF.

Questão relevante é saber se ocorre a suspensão do processo de execução quando o devedor não tenha sido localizado, embora identificados bens passíveis de penhora. Ainda que a redação do *caput* do art. 40 da LEF pareça indicar a suspensão, entendemos que a citação editalícia supre a sua ausência, na forma da súmula nº 196 do STJ: "Ao executado que, citado por edital ou por hora certa, permanecer revel, será nomeado curador especial, com legitimidade para apresentação de embargos".

A partir de então, arquivados provisoriamente os autos, ainda que o exequente demonstre que continua a diligenciar por bens do devedor, tem-se por iniciado o lapso prescricional que, desta forma, tratar-se-á por prescrição intercorrente, na forma do § 4º do art. 40 da LEF, ou seja, computado integralmente no curso do processo.

Isto porque o Direito não tolera incertezas nas relações jurídicas, que decorreria da perenização de conflitos ou situação insolúveis, causando insegurança jurídica. A prescrição tem justamente este papel no sistema jurídico, ou seja, o objetivo de provocar o reconhecimento de situações consolidadas no tempo, afastando a insegurança jurídica. Somente desta forma o sistema jurídico não sofrerá maiores violações, residentes na manutenção de processos executivos suspensos por tempo indeterminado.

Ressalte-se que, ainda que o juiz não determine o referido arquivamento após o prazo de um (1) ano, pode-se iniciar a contagem da prescrição quando este finalizar, pois prejudicial ao juízo a remessa

Extinção do Crédito Tributário

dos autos ao arquivo judicial, não tendo cabimento deixar de computar a prescrição intercorrente em razão de motivo meramente formal.[275] Neste sentido, inclusive, a Súmula n° 314 do STJ: "Em execução fiscal, não localizados bens penhoráveis, suspende-se o processo por um ano, findo o qual se inicia o prazo da prescrição qüinqüenal intercorrente".

Conforme já salientado, a prescrição intercorrente também tem curso nos casos em que o processo de execução fiscal tenha sido arquivado, sem baixa na distribuição, com base na disposição do art. 20[276] da Lei n° 10.522/2001, ou seja, o seu § 1° deve ser interpretado em cotejo com o § 4° do art. 40 da LEF, que prevê a prescrição intercorrente, de modo a estabelecer um limite temporal para o desarquivamento das execuções.

Resumindo, entendemos mais acertada a tese de que o prazo prescricional deve correr a partir da decisão que determinou o arquivamento, na forma do § 4°. A regra do *caput* do art. 40 da LEF somente se aplica aos casos em que o devedor não comparece aos autos, nem são encontrados bens penhoráveis, mesmo após a citação editalícia. No caso de citação pessoal do devedor e ausência de bens penhoráveis também cabe o arquivamento, com base no art. 40 da LEF, cujo *caput* fala "O Juiz suspenderá o curso da execução, enquanto não for localizado o devedor ou encontrados bens sobre os quais possa recair a penhora...". Logo, o processo poderá ser suspenso, também, se o devedor for localizado, mas não encontrados bens penhoráveis, afinal, de igual modo, haverá crise no procedimento. Assim, a suspensão do prazo prescricional a que alude o *caput* do art. 40 da LEF dirige-se à prescrição intercorrente – aquela que corre no curso da execução –, não se confundindo com aquela que antecede a citação.

Neste diapasão, somente seria cabível o arquivamento do processo, com suspensão do prazo prescricional, se o devedor já houvesse sido citado por edital e não houvesse comparecido aos autos nem houvesse sido encontrados bens a penhorar.[277]

---

[275] LOPES, Mauro Luís Rocha. *Execução Fiscal e Ações Judiciais Tributárias*. 2. ed. Rio de Janeiro: Lumen Juris, 2003, p. 218.

[276] Art. 20. Serão arquivados, sem baixa na distribuição, mediante requerimento do Procurador da Fazenda Nacional, os autos das execuções fiscais de débitos inscritos como Dívida Ativa da União pela Procuradoria-Geral da Fazenda Nacional ou por ela cobrados, de valor consolidado igual ou inferior a R$ 10.000,00 (dez mil reais). (Redação dada pela Lei n° 11.033, de 2004) § 1° Os autos de execução a que se refere este artigo serão reativados quando os valores dos débitos ultrapassarem os limites indicados.

[277] STJ – AGRESP – 614864. Órgão Julgador: SEGUNDA TURMA. Data da decisão: 06/09/2005. Relator(a) FRANCIULLI NETTO.

5.4.4. Redirecionamento da execução fiscal e a prescrição intercorrente

A responsabilidade patrimonial secundária do sócio, na jurisprudência do STJ, funda-se na regra de que o redirecionamento da execução fiscal, e seus consectários legais, para o sócio-gerente da empresa, somente é cabível quando reste demonstrado que este agiu com excesso de poderes, infração à lei ou contra o estatuto, ou na hipótese de dissolução irregular da empresa.

Não obstante, este redirecionamento da execução contra o sócio deve dar-se no prazo de cinco anos da citação da pessoa jurídica, sendo inaplicável o disposto no art. 40 da Lei nº 6.830/80 que, além de referir-se ao devedor, e não ao responsável tributário, deve harmonizar-se com as hipóteses previstas no art. 174 do CTN, de modo a não tornar imprescritível a dívida fiscal.

Desta sorte, não obstante a citação válida da pessoa jurídica interrompa a prescrição em relação aos responsáveis solidários, decorridos mais de 5 (cinco) anos após a citação da empresa, ocorre a prescrição intercorrente inclusive para os sócios.[278]

Ressalte-se, como já afirmado, que originariamente prevalecia o entendimento de que o artigo 40 da Lei nº 6.830/80 não podia se sobrepor ao CTN, por ser norma de hierarquia inferior, e sua aplicação sofria os limites impostos pelo artigo 174 do referido Código. Nesse diapasão, a mera prolação do despacho ordinatório da citação do executado não produzia, por si só, o efeito de interromper a prescrição, impondo-se a interpretação sistemática do art. 8º, § 2º, da Lei nº 6.830/80, em combinação com o art. 219, § 4º, do CPC e com o art. 174 e seu parágrafo único do CTN.

A Lei Complementar 118, de 9 de fevereiro de 2005 (vigência a partir de 09.06.2005), alterou o artigo 174 do CTN para atribuir ao despacho do juiz que ordenar a citação o efeito interruptivo da prescrição. Destarte, consubstanciando norma processual, a referida Lei Complementar é aplicada imediatamente aos processos em curso, o que tem como consectário lógico que a data da propositura da ação pode ser anterior à sua vigência. Todavia, a data do despacho que or-

---

[278] Processo AgRg no REsp 1202195/PR. AGRAVO REGIMENTAL NO RECURSO ESPECIAL 2010/0123644-5 Relator(a) Ministro LUIZ FUX (1122) Órgão Julgador T1 – PRIMEIRA TURMA Data do Julgamento 03/02/2011 Data da Publicação/Fonte DJe 22/02/2011. Processual Civil. Execução Fiscal. Exceção de pré-executividade. Argüição de prescrição intercorrente. Possibilidade. Redirecionamento da execução fiscal. Entendimento consolidado pela 1ª Seção. Relação processual formada após a vigência da LC 118/05. Termo *ad quem*. Despacho que ordena a citação.

denar a citação deve ser posterior à sua entrada em vigor, sob pena de retroação da novel legislação.

Nesta linha, os marcos temporais são a citação ou o despacho, da pessoa jurídica e/ou do sócio-gerente, que o ordenou, dependendo da época em que foi exarado, se antes ou depois de 9 de fevereiro de 2005.[279]

5.4.5. Inscrição em dívida ativa e prazo de prescrição

O Fisco pode promover a inscrição em dívida ativa das confissões de dívida do contribuinte (DCTF, GFIP, GIM e GIA) antes do decurso do prazo decadencial. Após apresentadas estas declarações, o Fisco tem prazo para lançar de ofício eventuais diferenças apuradas.

Contudo, pode optar pelo exercício da prerrogativa de promover a inscrição em dívida ativa com base nas declarações, renunciando ao direito subjetivo de lançar de ofício as diferenças que porventura possam existir. Este ato de direta inscrição do débito em dívida ativa funciona como uma homologação da declaração apresentada.

Ao inscrever os valores declarados diretamente em dívida ativa, o Fisco renuncia ao direito de realizar lançamento diverso, tornando--se o crédito inscrito definitivo. Neste diapasão, conta-se desta data o termo inicial do prazo prescricional do art. 174 do CTN, com base no princípio da *actio nata*,[280] conforme já comentado.

---

[279] TRIBUTÁRIO. PROCESSUAL CIVIL. AGRAVO REGIMENTAL NO AGRAVO DE INSTRUMENTO. EXECUÇÃO FISCAL. PRESCRIÇÃO. INTERRUPÇÃO. QUESTÕES DECIDIDAS PELA SISTEMÁTICA DE JULGAMENTO DE RECURSOS REPETITIVOS (REsp 1.102.431/RJ e REsp 999.901/RS). AGRAVO NÃO PROVIDO. 1. Segundo o art. 174, parágrafo único, I, do CTN, em sua redação original, a prescrição, que começa a correr da data de constituição definitiva do crédito tributário, interrompia-se mediante a citação pessoal do devedor nos autos da execução fiscal. Sobreveio a Lei Complementar 118, de 9/2/05, que entrou em vigor após 120 (cento e vinte) dias de sua publicação, alterando o dispositivo, e passou a estabelecer que a prescrição se interrompe pelo despacho do juiz que ordenar a citação. 2. De acordo com o entendimento firmado pelo Superior Tribunal de Justiça, em recurso especial representativo de controvérsia, processado e julgado sob o rito do art. 543-C do CPC, por ser norma processual, a Lei Complementar 118/05 é aplicável aos processos em curso. No entanto, somente quando o despacho de citação é exarado após sua entrada em vigor há interrupção do prazo prescricional (REsp 999.901/RS, Rel. Min. LUIZ FUX, Primeira Seção, DJe 10/6/01). 3. A questão referente às circunstâncias que levaram à culpa da demora na citação por parte do exequente foi apreciada pela Primeira Seção desta Corte no julgamento do REsp 1.102.431/RJ, Rel. Min. LUIZ FUX, DJe 1º/2/10, submetido à norma do art. 543-C do CPC, decidindo que "a verificação de responsabilidade pela demora na prática dos atos processuais implica indispensável reexame de matéria fático-probatória, o que é vedado a esta Corte Superior, na estreita via do recurso especial, ante o disposto na Súmula 07/STJ" 4. Agravo regimental não provido. (AgRg no Ag 1264799/RJ, Rel. Ministro ARNALDO ESTEVES LIMA, PRIMEIRA TURMA, julgado em 17/05/2011, DJe 25/05/2011)

[280] MACHADO, op. cit., p. 150.

5.4.6. Hipóteses de interrupção da prescrição

Art. 174 (...)

Parágrafo único. A prescrição se interrompe:

A interrupção significa que reinicia a contagem de todo o prazo, desprezando-se o período já decorrido. Contudo, não fica afastada no Direito Tributário a prescrição intercorrente, no bojo do executivo fiscal, quando se constata a desídia e inércia do exequente.

Ocorrida alguma hipótese de interrupção, a recontagem só terá início quando se verificar a inércia do credor. Iniciado o processo, efetua-se a citação, promove-se a execução, segue-se a penhora de bens, realiza-se o leilão, entre outros atos processuais.

Neste ínterim, não se pode falar em prescrição intercorrente, considerando que o processo tem a sua marcha regular. Atrasos no serviço cartorário também não podem dar início à contagem do prazo prescricional.

Roque Antônio Carrazza aduz que está no âmbito da lei complementar estabelecer a decadência e a prescrição como causas extintivas de obrigações tributárias, o termo inicial destes fenômenos, as causas impeditivas, suspensivas e interruptivas da prescrição tributária. Contudo, afirma que o prazo deve ser definido pela lei ordinária,[281] apesar de este não ser o entendimento dos nossos tribunais.[282]

Como já afirmado, o STJ tem admitido a prescrição intercorrente na execução fiscal, harmonizando o art. 40 da LEF,[283] com o art. 174 do CTN, no sentido de que este prevalece sobre aquele por ser norma geral, nos termos do art. 146, inciso III, alínea *b*, da CF/88. O STF adotou a mesma linha de decidir.[284]

---

[281] CARRAZA, Roque Antônio. *Curso de Direito Constitucional Tributário*. 9ª ed. São Paulo: Malheiros, 1997, p. 483.

[282] Nesta linha, o STF já assentou que são inconstitucionais os artigos 45 e 46 da Lei nº 8.212/91 por estabelecerem prazo de decadência e prescrição superior ao previsto no CTN.

[283] Art. 40. O Juiz suspenderá o curso da execução, enquanto não for localizado o devedor ou encontrados bens sobre os quais possa recair a penhora, e, nesses casos, não correrá o prazo de prescrição. § 1º Suspenso o curso da execução, será aberta vista dos autos ao representante judicial da Fazenda Pública. § 2º Decorrido o prazo máximo de 1 (um) ano, sem que seja localizado o devedor ou encontrados bens penhoráveis, o Juiz ordenará o arquivamento dos autos. § 3º Encontrados que sejam, a qualquer tempo, o devedor ou os bens, serão desarquivados os autos para prosseguimento da execução.

[284] Informativo de jurisprudência do STF nº 510. RREE nº 560.626, 556.664 e 559882. Ao salientar, inicialmente, que o Código Tributário Nacional – CTN (Lei 5.172/66), promulgado como lei ordinária, foi recebido, como lei complementar, tanto pela CF/67 quanto pela CF/88, as quais exigiram o uso de lei complementar para as normas gerais de Direito Tributário, afastou-se a alegação de que somente caberia à lei complementar a função de traçar diretrizes gerais quanto

I – pelo despacho do juiz que ordenar a citação em execução fiscal;

Conforme já adunado, o CTN divergia do diploma processual contido na LEF, pois dispunha que, até a nova redação imposta ao inciso em comento pela LC n° 118/05, que a prescrição se interrompia pela citação pessoal feita ao devedor. Agora, com a nova redação, o simples despacho do juiz que ordenar a citação tem o condão de interromper a prescrição.

A medida legislativa alinha a redação do instituto jurídico no CTN e na LEF (art. 8°, § 2°),[285] encerrando com as controvérsias sobre as divergências de redação entre os diplomas legais citados. Tendo o instituto da prescrição tributária regulamentação prevista nas normas gerais de Direito Tributário, matéria reservada à lei complementar (art. 146, III, *c*, CF/88), cumpre o CTN o seu desiderato.[286]

Não se pode olvidar que a prescrição é norma geral de Direito Tributário sob reserva de lei complementar desde a EC n° 1/69, disposição mantida pelo art. 146, inciso III, alínea "b", da CF/88. Contudo,

---

à prescrição e à decadência tributárias e que a fixação dos prazos prescricionais e decadenciais dependeriam de lei da própria entidade tributante, já que seriam assuntos de peculiar interesse das pessoas políticas. Asseverou-se, no ponto, que a Constituição não definiu normas gerais de Direito Tributário, mas adotou expressão utilizada no próprio CTN, sendo razoável presumir que o constituinte acolheu a disciplina do CTN, inclusive referindo-se expressamente à prescrição e decadência. Assim, a restrição do alcance da norma constitucional expressa defendida pela Fazenda Nacional fragilizaria a própria força normativa e concretizadora da Constituição, que, de forma clara, pretendeu a disciplina homogênea e estável da prescrição, da decadência, da obrigação e do crédito tributário. Ressaltou-se, ainda, que, não obstante a doutrina não tivesse se desenvolvido muito no sentido da busca da adequada definição para "normas gerais", seria possível extrair, na interpretação dos diversos dispositivos constitucionais que estabeleceram reserva de matéria à disciplina de lei complementar, que a esta espécie legislativa foi dada a incumbência de fixar normas com âmbito de eficácia nacional e não apenas federal. Aduziu-se que não se justificaria, ao menos mediante legislação ordinária, a criação de hipóteses de suspensão ou interrupção, nem o incremento ou redução de prazos, sob pena de se admitirem diferenciações em cada um dos Estados e Municípios e para cada espécie tributária, mesmo dentro de uma mesma esfera política, com evidente prejuízo à vedação constitucional de tratamento desigual entre contribuintes que se encontrem em situação equivalente e à segurança jurídica. Citou-se, em seguida, a jurisprudência dominante da Corte no sentido da exigência de lei complementar para a disciplina dos institutos da prescrição e da decadência tributárias, inclusive quanto à definição de prazos e hipótese de suspensão da correspondente fluência e afirmou-se não haver mais dúvida de que as contribuições, mesmo as destinadas à Seguridade Social, possuem natureza tributária e se submetem ao regime jurídico-tributário. De igual modo, rejeitou-se o argumento de que as contribuições de Seguridade Social, por se sujeitarem ao disposto no art. 195 da CF, estariam excluídas da obrigatoriedade prevista no art. 146, III, *b*, da CF ("Art. 146. Cabe à lei complementar:... III – estabelecer normas gerais em matéria de legislação tributária, especialmente sobre:... b) obrigação, lançamento, crédito, prescrição e decadência tributários;"), haja vista que a norma matriz das diversas espécies de contribuição seria o art. 149 da CF, que estabelece que as contribuições de Seguridade Social estão sujeitas, também, e não exclusivamente, às regras definidas no art. 195 da CF. Portanto, não haveria incompatibilidade entre esses dispositivos, que seriam complementares e não excludentes

[285] Art. 8°, § 2°. O despacho do juiz, que ordenar a citação, interrompe a prescrição.

[286] Informativo de jurisprudência do STF n° 510. RREE n° 560.626, 556.664 e 559882.

o STJ se alinhava no sentido de harmonizar a norma tributária com o art. 219 do CPC.[287] Após a alteração legislativa a corte se realinhou em função da nova redação, sem, contudo, conferir efeito retroativo à nova interpretação. Existem precedentes anterior e posterior à alteração legislativa.[288] [289]

II – pelo protesto judicial;

III – por qualquer ato judicial que constitua em mora o devedor;

IV – por qualquer ato inequívoco ainda que extrajudicial, que importe em reconhecimento do débito pelo devedor.

Deve-se atentar que o parcelamento ganhou nova regulamentação no art. 155-A do CTN, fruto da alteração legislativa implementada pela LC n° 104/2001. Antes da alteração legislativa, o parcelamento era citado na doutrina e jurisprudência como exemplo de ato inequívoco do sujeito passivo de reconhecimento de dívida do contribuinte, o qual operava a interrupção do prazo prescricional.

Contudo, o § 2° do art. 155-A do CTN manda aplicar subsidiariamente ao parcelamento as disposições da moratória previstas nos arts. 152 a 155, todos do CTN. No caso da moratória, este diploma legal só exclui do cômputo do prazo prescricional o período decorrido des-

---

[287] Art. 219. A citação válida torna prevento o juízo, induz litispendência e faz litigiosa a coisa; e, ainda quando ordenada por juiz incompetente, constitui em mora o devedor e interrompe a prescrição. § 1° A interrupção da prescrição retroagirá à data da propositura da ação. § 2° Incumbe à parte promover a citação do réu nos 10 (dez) dias subseqüentes ao despacho que a ordenar, não ficando prejudicada pela demora imputável exclusivamente ao serviço judiciário. § 3° Não sendo citado o réu, o juiz prorrogará o prazo até o máximo de 90 (noventa) dias. § 4° Não se efetuando a citação nos prazos mencionados nos parágrafos antecedentes, haver-se-á por não interrompida a prescrição. § 5° Não se tratando de direitos patrimoniais, o juiz poderá, de ofício, conhecer da prescrição e decretá-la de imediato. § 6° Passada em julgado a sentença, a que se refere o parágrafo anterior, o escrivão comunicará ao réu o resultado do julgamento.

[288] STJ – RESP 401525. Órgão Julgador: PRIMEIRA TURMA. Data da decisão: 27/08/2002. Relator(a) LUIZ FUX. 1. A jurisprudência do Superior Tribunal de Justiça é uniforme no sentido de que, em se tratando de execução fiscal, a prescrição só se interrompe com a citação do devedor, dando-se prevalência ao CTN sobre a lei ordinária que determina que a interrupção se opera, apenas, com o despacho que ordena a citação. 2. No processo de execução fiscal, o despacho ordenando a citação do executado, por si, não produz o efeito de interromper a prescrição (Lei n° 6.830/80, art. 8°, § 2°, c/c os arts. 219, § 4°, CPC, e 174, CTN). Persistência do prazo qüinqüenal. Jurisprudência uniformizadora estadeada em Embargos de Divergência (Primeira Seção do STJ). RESP 182429/PR, Rel. Min. Milton Luiz Pereira, DJ 06/05/2002 3. Recurso especial conhecido e provido.

[289] STJ – RESP 945619. Órgão Julgador: SEGUNDA TURMA. Data da decisão: 04/03/2008. Relator(a) ELIANA CALMON. 1. A jurisprudência desta Corte era pacífica quanto ao entendimento de que só a citação válida interrompe a prescrição, não sendo possível atribuir-se tal efeito ao despacho que ordenar a citação. 2. Com a alteração do artigo 174, parágrafo único, I, do CTN pela LC 118/05, passou-se a considerar o despacho do juiz que ordena a citação como marco interruptivo da prescrição, tendo a jurisprudência das Turmas de Direito Público do STJ se posicionado no sentido de que a nova regra deve ser aplicada imediatamente às execuções ajuizadas após a sua entrada em vigor, que teve vacatio legis de 120 dias. 3. Recurso especial provido.

Extinção do Crédito Tributário

de a concessão da moratória quando esta tiver sido obtida com dolo, fraude ou simulação. Caso contrário, o prazo prescricional continua o seu regular curso, correndo na moratória ainda quando esta venha a ser revogada (art. 155, parágrafo único). *A priori* este entendimento também deve ser aplicado ao parcelamento.[290]

A matéria já havia sido pacificada pelo TFR, através da súmula nº 248, nos seguintes termos: "O prazo da prescrição interrompido pela confissão e parcelamento da dívida fiscal recomeça a fluir no dia em que o devedor deixa de cumprir o acordo celebrado".[291] [292] [293]

5.5. A decisão administrativa irreformável, assim entendida a definitiva na órbita administrativa, que não mais possa ser objeto de ação anulatória

Art. 156 (...)

IX – a decisão administrativa irreformável, assim entendida a definitiva na órbita administrativa, que não mais possa ser objeto de ação anulatória;

A norma em comento refere-se à decisão administrativa favorável ao contribuinte reconhecendo a inexistência do crédito tributário.

---

[290] AMARO, op. cit., p. 392.

[291] TRIBUNAL – QUARTA REGIÃO. AC 581685. Órgão Julgador: SEGUNDA TURMA. Data da decisão: 19/08/2003. Relator(a) JUIZ FABIO ROSA. 1. A declaração feita pelo sujeito passivo da obrigação tributária sem a interveniência do sujeito ativo tem eficácia constitutiva do crédito tributário. 2. A adesão ao Programa de Recuperação Fiscal – REFIS equivale a confissão irretratável do débito, sendo, nos termos do art. 174, par. único, IV, do CTN, causa interruptiva da prescrição. 3. Com a exclusão do REFIS reiniciou-se o prazo prescricional, que só se interrompeu com a citação do devedor, sem que, no entanto, houvesse se completado o prazo qüinqüenal previsto em lei. 4. O pagamento integral do débito não foi comprovado nos autos, havendo unicamente demonstração de adimplemento parcial, cujos valores foram amortizados do total devido, por ocasião da propositura da ação executiva fiscal. 5. Apelação improvida.

[292] TRIBUNAL – QUARTA REGIÃO. AC – APELAÇÃO CÍVEL – 565303. Órgão Julgador: PRIMEIRA TURMA. Data da decisão: 11/06/2003. Relator(a) JUIZ LUIZ CARLOS DE CASTRO LUGON. Nos termos do inciso IV do artigo 174 do CTN, o parcelamento realizado na via administrativa constitui causa interruptiva da prescrição.

[293] STF – RE 99867. Relator(a): Min. NERI DA SILVEIRA Julgamento: 30/04/1984. Órgão Julgador: PRIMEIRA TURMA. Prescrição. Execução fiscal. Embargos do devedor. O pedido de parcelamento do debito fiscal importa em interrupção da prescrição (CTN, art. 174, parágrafo único, IV). Determinada a citação do devedor, antes de fluir o qüinqüênio prescricional, e expedido o mandado de citação, nenhum requerimento formulou o credor, desde o despacho ordenado a citação, com vistas a prorrogar-se o prazo indispensável a sua realização, nada reclamando contra a demora no cumprimento do mandado. Aplicação do art. 219, §§ 3º e 4º, o CPC, em ordem a ter-se como insubsistente o antecipado efeito da interrupção da prescrição. Inércia do credor caracterizada. Negativa de vigência do art. 174, do CTN. Prescrição consumada. Recurso extraordinário conhecido e provido.

Deve-se ponderar que, se a decisão administrativa anula o lançamento por vício formal, a extinção do crédito tributário só ocorrerá pela decadência, na forma do inciso II do art. 173 do CTN.

Paulo de Barros Carvalho[294] assevera que o fisco não poderia ir a juízo, via ação anulatória, para desconstituir sua própria decisão. No mesmo sentido Ruy Barbosa Nogueira[295] com base no princípio *nemo potest venire contra factum proprium*, pois, sendo a solução da própria administração, ela não poderia pretender anulá-la perante o Poder Judiciário, ficando vinculada por fato próprio, excepcionados casos especialíssimos, como certas nulidades, as quais não enumera especificamente.

Entretanto, aduz que não pode mais restar dúvida a este respeito, pois na medida em que o CTN deu efeito extintivo à decisão administrativa irreformável, não tem a Fazenda *legitimatio ad causam* para ir a juízo anular sua própria decisão, já que o próprio direito foi extinto.

Sacha Calmon[296] manifesta-se sobre o tema aduzindo que a ninguém é lícito ir a juízo para demandar a anulação de ato jurídico consciente e fundamentadamente praticado, pois a decisão administrativa irreformável põe fim ao crédito tributário, extinguindo-o, de forma que o CTN quis referir-se à decisão favorável ao contribuinte.

O STF tem precedente nesta direção, ao afirmar que a decisão proferida pela autoridade fiscal, embora de instância administrativa, tem, em relação ao fisco, força vinculatória, equivalente a da coisa julgada, principalmente quando gerou aquela decisão direito subjetivo para o contribuinte.[297]

Em que pesem todas estas ponderações, foi elaborado o Parecer PGFN/CRJ/n° 1.087/200, aprovado pelo Procurador-Geral da Fazenda Nacional e submetido à apreciação do Ministro de Estado da Fazenda, originando a Portaria PGFN n°. 820. Esta veio a disciplinar, no âmbito da Procuradoria-Geral da Fazenda Nacional, a submissão das decisões do Conselho Administrativo de Recursos Fiscais – CARF –,

---

[294] CARVALHO, Paulo de Barros. *Curso de Direito Tributário*. 13. ed. São Paulo: Saraiva, 2000, p. 323.

[295] NOGUEIRA, Ruy Barbosa. *Curso de Direito Tributário*. 14. ed. São Paulo: Saraiva, 1995, p. 320.

[296] COELHO, Sacha Calmon Navarro. *Curso de Direito Tributário Brasileiro*. 7. ed. Rio de Janeiro: Forense, 2004, p. 858.

[297] STF – RE 68253 Relator(a): Min. BARROS MONTEIRO Julgamento: 02/12/1969 Órgão Julgador: PRIMEIRA TURMA. Coisa julgada fiscal e direito subjetivo. A decisão proferida pela autoridade fiscal, embora de instância administrativa, tem, em relação ao fisco, força vinculatória, equivalente a da coisa julgada, principalmente quando gerou aquela decisão direito subjetivo para o contribuinte. Recurso Extraordinário conhecido e provido.

Extinção do Crédito Tributário

então Conselhos de Contribuintes e Câmara Superior de Recursos Fiscais, à apreciação do Poder Judiciário.

Este parecer esclareceu que existe a possibilidade jurídica de as decisões do CARF do Ministério da Fazenda, que lesarem o patrimônio público, serem submetidas ao crivo do Poder Judiciário, pela Administração Pública, quanto à sua legalidade, juridicidade, ou diante de erro de fato.

Explicitou que podem ser intentadas ação de conhecimento, mandado de segurança, ação civil pública ou ação popular. Esclareceu, ainda, que a ação de rito ordinário e o mandado de segurança podem ser propostos pela Procuradoria-Geral da Fazenda Nacional, por meio de sua Unidade do foro da ação, que a ação civil pública pode ser proposta pelo órgão competente e que a ação popular somente pode ser proposta por cidadão, nos termos da Constituição Federal.

No Brasil vige o princípio da universalidade da jurisdição previsto no artigo 5º, inciso XXXV, da CF/88.[298] Assim, o processo administrativo fiscal não tem força de coisa julgada por conta da possibilidade de revisão judicial. Sem embargo, a doutrina majoritária, com a qual nos alinhamos, aduz que são vinculantes e imutáveis para a própria Administração Tributária e, assim, não poderiam ser sindicadas pelo Poder judiciário por iniciativa daquela. Nesta linha, são ilegais estes atos normativos.

Esta possibilidade violaria o princípio de segurança jurídica e seus subprincípios, em especial da proteção da confiança legítima e boa-fé, já que impediria um regular, seguro e transparente planejamento tributário pelos sujeitos passivos.

5.6. A decisão judicial passada em julgado

Art. 156 (...)

X – a decisão judicial passada em julgado.

Por força do inciso XXXVI do art. 5º da CF/88,[299] o dispositivo legal poderia ser suprimido do CTN, pois a coisa julgada é direito fundamental do contribuinte.

---

[298] XXXV – a lei não excluirá da apreciação do Poder Judiciário lesão ou ameaça a direito;

[299] Art. 5º, XXXVI, CF/88 – a lei não prejudicará o direito adquirido, o ato jurídico perfeito e a coisa julgada;

5.7. Dação em pagamento

Art. 156 (...)

XI – A dação em pagamento em bens imóveis, na forma e condições estabelecidas em lei.

A dação em pagamento, inserida explicitamente no CTN por força da LC 104/2001, ao alterar o inciso X do art. 156, trata especificamente de bens imóveis, na forma e condições estabelecidas em lei de cada ente federativo e segundo as conveniências de sua política fiscal. É a entrega ao credor de coisa que não seja dinheiro, em substituição à prestação devida, visando a extinção da obrigação, desde que, é claro, haja a concordância de ambas as partes, credor e devedor da obrigação.

Para uma corrente de autores, conforme Hugo de Brito Machado[300] e Luiz Emygdio,[301] entre outros, a dação em pagamento pode ocorrer no Direito Tributário porque, por força do art. 3º do CTN,[302] o tributo, apesar de dever ser pago em moeda, pode, todavia, corresponder a uma prestação pecuniária, em face da redação do dispositivo legal "...em moeda ou cujo valor nela se possa exprimir...". Admite-se, assim, que o sujeito passivo da obrigação tributária possa dar bens em pagamento de tributos, desde que haja lei, especificando o tributo que será objeto de extinção, bem como fixando critérios para a aferição do valor do bem.

Podemos adunar os seguintes exemplos. O § 4º do art. 12 do DL nº 195/67,[303] que permite a liquidação da contribuição de melhoria com títulos da dívida pública. Podemos citar, também, o § 2º do art. 165 do DL nº 5, de 15/03/75 (Código Tributário do Estado do Rio de Janeiro – CTERJ), o qual autoriza o Poder Executivo estadual a regular a dação em pagamento de bens móveis e imóveis como pagamento de crédito tributário, o que foi feito pelo Decreto nº 11.311, de 20/05/88.

---

[300] MACHADO, op. cit., p. 131.

[301] ROSA JUNIOR, op. cit., p. 578.

[302] Art. 3º Tributo é toda prestação pecuniária compulsória, em moeda ou cujo valor nela se possa exprimir, que não constitua sanção de ato ilícito, instituída em lei e cobrada mediante atividade administrativa plenamente vinculada.

[303] Art. 12. A Contribuição de Melhoria será paga pelo contribuinte da forma que a sua parcela anual não exceda a 3% (três por cento) do maior valor fiscal do seu imóvel, atualizado à época da cobrança. § 4º É lícito ao contribuinte liquidar a Contribuição de Melhoria com títulos da dívida pública, emitidos especialmente para financiamento da obra pela qual foi lançado; neste caso, o pagamento será feito pelo valor nominal do título, se o preço do mercado for inferior.

Não obstante, seguimos caminho distinto. Afirmamos que o conceito de tributo, na forma como foi tratado pelo art. 3º do CTN, não veda a adoção de forma alternativa de extinção do crédito tributário. Sendo o tributo prestação, significa afirmar que é objeto de uma relação obrigacional, de caráter transitório, com conteúdo econômico, que vincula um credor e um devedor (contribuinte ou responsável).

O melhor entendimento é no sentido de que a obrigação tributária é de prestar dinheiro ao Estado. Contudo, esta obrigação pode extinguir-se por outros meios, que não a entrega de dinheiro, não alterando, assim, a essência da natureza da prestação. Como conclusão, podemos afirmar que o dispositivo (art. 3º) tratou do modo de expressão, mas não das formas de extinção da prestação tributária.

Rubens Gomes de Souza,[304] representando outra corrente de doutrinadores, não hesitou em afirmar o duplo pleonasmo do dispositivo legal, reconhecendo que "pecuniária" e "em moeda" são a mesma coisa; e "valor que nela (moeda) se possa exprimir não é uma alternativa, mas simples repetição". Contudo, deve-se ressaltar, neste momento, que o STF já decidiu a matéria por duas vezes.

Conforme já expusemos, ainda que saibamos ser doutrinariamente sustentável e com precedente na jurisprudência da Corte Constitucional a tese segundo a qual o rol do art. 156 não é exaustivo, o STF já deixou assente que as hipóteses de extinção do crédito tributário não podem ser veiculadas por lei ordinária. Vale dizer, no âmbito da Excelsa Corte, a tese da taxatividade da lista tem sido estritamente seguida. Basta conferir as decisões nas ADI 1.917/DF (2007) e ADI 124/SC (2008).

No primeiro caso, foi declarada inconstitucional disposição de lei distrital que facultava microempresas, empresas de pequeno porte e médias empresas extinguir tributos mediante dação em pagamento de bens *móveis* (no caso, materiais destinados a atender programas de governo do DF).

No segundo, foi declarada a inconstitucionalidade de dispositivo da Constituição do Estado de Santa Catarina que estabelecia nova hipótese de decadência (no caso, a lei exigia o arquivamento de processo administrativo tributário por decurso de prazo, sem a possibilidade de revisão do lançamento).

---

[304] SOUSA, op. cit., p. 20.

Em ambos os casos, o fundamento para a declaração de inconstitucionalidade foi o mesmo: "Viola o art. 146, III, *b*, da CF norma que estabelece hipótese de extinção do crédito tributário não prevista em lei complementar federal".[305]

---

[305] ADInMC nº 1917-DF, Rel. Min. Marco Aurélio, em 18/12/98, Informativo 136 – CRÉDITO TRIBUTÁRIO – EXTINÇÃO. As formas de extinção do crédito tributário estão previstas no Código Tributário Nacional, recepcionado pela Carta de 1988 como lei complementar. Surge a relevância de pedido formulado em ação direta de inconstitucionalidade considerada lei local prevendo nova forma de extinção do crédito tributário na modalidade civilista da dação em pagamento. Suspensão de eficácia da Lei Ordinária do Distrito Federal de nº 1.624/97. ADInMC nº 2405-DF, Rel. Min. Ilmar Galvão, em 14/03/2002, Informativo nº 260 (ADI-2405) Título Crédito Tributário e Dação em Pagamento. Iniciado o julgamento de medida liminar em ação direta ajuizada pelo Governador do Estado do Rio Grande do Sul contra a Lei 11.475/2000 do mesmo Estado, que introduz alterações em leis estaduais relativas ao procedimento tributário administrativo e à cobrança judicial de créditos inscritos em dívida ativa da fazenda pública estadual. Inicialmente, o Tribunal, por maioria, indeferiu a suspensão cautelar do inciso III do art. 1º da Lei atacada, que cria, como modalidade de extinção de crédito tributário, a dação em pagamento. O Tribunal, alterando o entendimento proferido na ADInMC 1.917-DF (v. Informativo 136), considerou ausente a relevância jurídica da alegação de inconstitucionalidade por ofensa ao art. 146, III, *b*, da CF ("Art. 146. Cabe à lei complementar: ... III – estabelecer normas gerais em matéria de legislação tributária, especialmente sobre: ... b) obrigação, lançamento, crédito, prescrição e decadência tributários;"), por entender que o Estado-membro pode estabelecer regras específicas de quitação de seus próprios créditos tributários. Vencidos os Ministros Maurício Corrêa e Marco Aurélio que, reafirmando o que decidido na ADInMC 1.917-DF, deferiam a suspensão cautelar do dispositivo mencionado. Em seguida, o Tribunal, também por maioria, indeferiu o pedido de medida liminar quanto ao art. § 1º do art. 114 da Lei estadual 9.298/73, na redação dada pela Lei 11.475/2000 – que determina, quando feita a dação em pagamento e o bem oferecido não for suficiente para cobrir o débito, "o saldo eventualmente remanescente deverá ser pago de uma só vez, integralmente ou mediante moratória" – por considerar juridicamente irrelevante a alegada ofensa aos arts. 150, § 6º, e 155, § 2º, XII, *g*, da CF, por se tratar de norma pendente de regulamentação por meio de lei específica e por não ser a moratória hipótese de favor fiscal. Vencidos o Min. Maurício Corrêa, que deferia a liminar com base no precedente citado, e o Min. Marco Aurélio, que também deferia a liminar para suspender a expressão "ou mediante moratória", contida no mencionado § 1º do art. 114 por entender que a moratória é um benefício que instala a guerra fiscal, ofendendo, aparentemente, o art. 155, § 2º, XII, *g*, da CF – que exige, em se tratando de ICMS, a celebração de convênio entre os Estados para a concessão de isenções, incentivos e benefícios fiscais.

6. Conclusão

Ao longo deste livro, pretendemos analisar os principais debates doutrinários e jurisprudenciais existentes sobre a extinção do crédito tributário, ainda que sem a pretensão de esgotamento do assunto. Para tanto, começamos averiguando os principais aspectos do crédito tributário e aqueles decorrentes da sua natureza jurídica (capítulo um).

Em seguida, estudamos as hipóteses da extinção do crédito tributário, iniciando pela principal, qual seja, o pagamento, bem como as situações que podem dele surgir (capítulo dois). Já o pagamento indevido e a forma de sua repetição foram tratados de forma minuciosa no capítulo posterior.

No capítulo quatro, vimos a maneira pela qual a doutrina, a legislação e os nossos Tribunais têm tratado a compensação, que, em nossa opinião, atualmente é a segunda forma mais importante de extinção dos créditos tributários.

Para finalizar, dedicamos o capítulo cinco para estudar as demais modalidades de extinção dos débitos tributários, passando pela análise da transação, remissão, decadência, prescrição, decisão administrativa definitiva, decisão judicial transitada em julgado e a dação em pagamento.

Neste sentido, após o término do presente estudo, é possível concluirmos que o nosso atual Código Tributário Nacional não se encontra mais apto para alcançar as hipóteses que a vida moderna nos trouxe por três motivos principais.

O primeiro é o fato de o CTN ser uma lei datada de 1966, ou seja, sua redação foi elaborada há mais de cinquenta anos e é natural que ela se encontre desatualizada para regular as situações que ocorrem mais de cinco décadas após a sua edição.

Ademais, quando da elaboração do projeto do CTN, o tributo sujeito a lançamento por homologação era exceção e o tributo sujeito a lançamento por declaração e de ofício era a regra. Daí o motivo pelo qual o CTN não o trata de forma minuciosa. Ocorre que, nos dias de hoje, isto mudou: o lançamento por homologação se tornou a regra, e os demais, as exceções, o que faz com que este diploma normativo não tenha previsto grande parte das situações que surgem a partir do lançamento por homologação, tornando-o obsoleto.

A revolução tecnológica trouxe um novo instituto ao direito tributário: as declarações eletrônicas. Trata-se de um caminho sem volta e cuja tendência é aumentar com a chegada de outras obrigações acessórias eletrônicas como, por exemplo, a nota fiscal eletrônica, a Escrituração Fiscal Digital – EFD –[306] e a Escrituração Contábil Digital – ECD –, também chamada de SPED-Contábil.[307]

Por fim, a globalização dos mercados e a mundialização da economia provocaram o aumento da complexidade da legislação tributária, na tentativa de acompanhar o dinamismo das relações sociais, tecnológicas e jurídicas, compartimentando cada vez mais este ramo do direito em diversas especialidades, sem, contudo, preocupar-se com a segurança jurídica atinente aos procedimentos tributários.

Desta forma, entendemos que chegou a hora de pensarmos na elaboração de um novo Código Tributário Nacional pelo Congresso Nacional, que possa prever as situações da vida moderna, a fim de evitarmos um distanciamento cada vez maior entre a realidade e a legislação tributária com a consequente transferência para o Judiciário dos conflitos surgidos entre o Fisco e os contribuintes em decorrência do vácuo legislativo atual cada vez mais crescente.

Dentre os aspectos mais relevantes, a adaptação do CTN ao Sistema Tributário Nacional oriundo da Constituição Federal de 1988. Ademais, relevante destacar a necessária compatibilização do Código aos Valores e Princípios Constitucionais que conformam o Sistema de Direitos e Garantias Constitucionais do contribuintes, em especial o Princípio da Segurança Jurídica que deve nortear os Procedimentos Tributários.

---

[306] EFD é um arquivo digital, que se constitui de um conjunto de escriturações de documentos fiscais e de outras informações de interesse dos fiscos das unidades federadas e da Secretaria da Receita Federal do Brasil, bem como de registros de apuração de impostos referentes às operações e prestações praticadas pelo contribuinte. Este arquivo deverá ser assinado digitalmente e transmitido, via Internet, ao ambiente *Sped*.

[307] É a substituição da escrituração em papel pela ECD. Trata-se da obrigação de transmitir em versão digital os seguintes livros: I – livro Diário e seus auxiliares, se houver; II – livro Razão e seus auxiliares, se houver; III – livro Balancetes Diários, Balanços e fichas de lançamento comprobatórias dos assentamentos neles transcritos.

Bibliografia

ARAÚJO, Valter Shuenquener de. *O princípio da proteção da confiança*. Uma nova forma de tutela do cidadão diante do Estado. Niterói: Impetus, 2010.

AMARO, Luciano. *Novo processo Tributário*. São Paulo: Resenha Tributária, 1975.

ASSIS, Araken. *Manual do Processo de Execução*. 6ª ed. São Paulo: RT, 2000.

AUGUSTO BECKER, Alfredo. *Teoria Geral do Direito Tributário*. São Paulo: Saraiva, 1972.

BALEEIRO, Aliomar. *Limitações Constitucionais ao Poder de Tributar*. 7ª ed. (Atualizado por MISA-BEL ABREU MACHADO DERZI). Rio de Janeiro: Forense, 2003.

———. *Direito Tributário Brasileiro*. 11. ed. Atualizada por Misabel Abreu Machado Derzi. Rio de Janeiro: 2001.

CAIS, Cleide Previtalli. *O processo Tributário*. São Paulo: RT, 1996.

CAMPOS, Dejalma. *Direito processual tributário*. 5ª ed. São Paulo: Atlas, 1996.

CARRAZA, Roque Antonio. *Curso de Direito Constitucional Tributário*. 20ª ed. São Paulo: Malheiros, 2004.

CARVALHO, Paulo de Barros. *Curso de Direito Tributário*. 13. ed. ver. e atual. São Paulo: Saraiva, 2000.

COELHO, Sacha Calmon Navarro. *Curso de Direito Tributário Brasileiro*. 7. ed. Rio de Janeiro: Forense, 2004.

DERZI, Misabel, *apud* BALEEIRO, Aliomar. *Limitações Constitucionais ao Poder de Tributar*. 7ª ed. Rio de Janeiro: Forense, 2003.

GOMES, Marcus Lívio. *A interpretação da legislação tributária*. Instrumentos para a unificação de critério administrativo em matéria tributária. São Paulo: Quartier Latin, 2010.

———; ANTONELLI, Leonardo Pietro (Coordenadores). *Curso de Direito Tributário Brasileiro*. 2 ed. São Paulo: Quartier Latin, 2010.

GOMES, Orlando. Obrigações. Rio de Janeiro: Forense. 1984.

JUREIDINI DIAS, Karem; MAGALHÃES PEIXOTO, Marcelo (Coord.). *Compensação Tributária*. São Paulo: MP Editora, 2008.

LOPES, Mauro Luís Rocha. *Execução Fiscal e Ações Judiciais Tributárias*. 2.ed. Rio de Janeiro: Lumen Juris, 2003.

MACHADO, Hugo de Brito. *Curso de Direito Tributário*. 12 ed. rev., atual. e aumentada. São Paulo: Malheiros, 1997.

MARINS, James. *Direito Processual Tributário Brasileiro Administrativo e Judicial*. São Paulo: Dialética, 2001.

MARTÍNEZ LÓPEZ, Maria Tereza; DANTAS DE ASSIS, Emanuel Carlos. "Compensação de tributos administrados pela Receita Federal do Brasil. Regimes jurídicos diversos a depender da data do pedido ou da PER/DCOMP. Prazo de homologação. Confissão de dívida. Segurança Jurídica e irretroatividade das leis", JUREIDINI DIAS, Karem; MAGALHÃES PEIXOTO, Marcelo (Coord.). *Compensação Tributária*. São Paulo: MP editora, 2008.

MORAIS, Bernardo Ribeiro de. *Compêndio de Direito Tributário*. 3. ed. rev., aumentada e atualizada. Rio de Janeiro: Forense, 1999. vol. 2.

NABAIS, José Casalta. *O Dever Fundamental de pagar impostos*. Coimbra: Almedina, 1997.

NEDER, Marcus Vinicius – MARTÍNEZ LÓPEZ, Maria Tereza. *Processo Administrativo Fiscal Federal Comentado*. 2ª ed. São Paulo: Dialética, 2004.

NOGUEIRA, Rui Barbosa: *Curso de Direito Tributário*. 15 ed. São Paulo: Saraiva, 2003.

PAULSEN, Leandro. *Direito Tributário*: Constituição e Código Tributário à luz da doutrina e da jurisprudência. 6. ed. rev. atual. Porto Alegre: Livraria do Advogado/ESMAFE, 2004.

QUEIROZ MAIA, Mary Elbe. *Do Lançamento Tributário* – Execução e Controle. São Paulo: Dialética, 1999.

RIBEIRO BASTOS, Celso. *Curso de Direito Constitucional*. 18. ed. São Paulo: Saraiva, 1997.

ROCHA, Sérgio André (coordenador). *Processo Administrativo Tributário*. Estudos em Homenagem ao Professor Aurélio Pitanga Seixas Filho. São Paulo: Quartier Latin, 2007.

ROSA JUNIOR, Luiz Emygdio Franco da. *Manual de Direito Financeiro e Direito Tributário*. 15. ed. atual. e ampliada. Rio de Janeiro: Renovar, 2001.

SOUSA, Rubens Gomes de. *Compêndio de Legislação Tributária*. Coordenação: IBET. Obra póstuma. São Paulo: Ed. Resenha dos Tribunais, 1975.

TAVEIRA TÔRRES, Heleno "Conflitos de fontes e de Normas no Direito Tributário – O Princípio de Segurança Jurídica na formação da Obrigação Tributária". In: *Teoria Geral da Obrigação Tributária*, Estudos em Homenagem ao Prof. José Souto Maior Borges. São Paulo: Malheiros, 2005.

TORRES, Ricardo Lobo. *Curso de Direito Financeiro e Tributário*. 10 ed. Rio de Janeiro: Renovar, 2003.

Impressão:
Evangraf
Rua Waldomiro Schapke, 77 - POA/RS
Fone: (51) 3336.2466 - (51) 3336.0422
E-mail: evangraf.adm@terra.com.br